Storytelling für Anfänger

**Wie Sie eine Story richtig aufbauen und
worauf Sie beim Storytelling
achten müssen.**

Paul Turm

Inhaltsverzeichnis

Storytelling für Anfänger

Wie Sie eine Story richtig aufbauen und worauf Sie beim Storytelling achten müssen.

Einleitung

Eine Frage: Wer gewinnt? Die schlechten Fakten mit der guten Story oder die guten Fakten mit der schlechten Story? Richtig, die gute Story gewinnt. Das mag vielleicht dem einen oder anderen nicht gefallen, doch leider kann man diese Wahrheit nicht verändern. Die Ursache dafür liegt in uns Menschen selbst begründet.

Storytelling ist der neueste Trend in Marketing und PR. Das ist nur die logische Konsequenz der Entwicklung der letzten Jahre. Schaut man in diesen beiden Disziplinen zurück, dann entdeckt man eine interessante Entwicklung. Am Anfang war Marketing eine Information für den Verbraucher. Ein Unternehmen wollte das eigene Produkt oder den eigenen Service an den Mann bringen. Dazu stellte das Unternehmen das eigene Produkt bzw. den eigenen Service mit all seinen guten Fakten vor. Indem man die Vorzüge betonte, wollte man natürlich besser als die Konkurrenz sein. Das war am Anfang auch sehr sinnvoll.

Heute reicht die bloße Information jedoch schon lange nicht mehr. Warum? Weil das Produkt oder der Service immer ausgeklügelter wird und sich die Konkurrenten dabei immer mehr angleichen. Tatsächlich sind die meisten Produkte von heute recht austauschbar. Daher kann man kaum noch mit den bloßen Fakten überzeugen. Das Marketing hat eine Antwort auf diese Entwicklung gefunden.

Will man überzeugen, dann gibt es drei Wege. Der erste Weg ist blanke Gewalt. Jeder kennt den Film „Der Pate". Dort macht Don Corleone ein Angebot, das der Andere einfach nicht ablehnen konnte. Er hielt ihm einen Vertrag vor und verspricht ihm, dass entweder seine Unterschrift oder sein Gehirn auf das Papier kommt. Natürlich hat der Andere unterschrieben. Ebenso natürlich kann man derartige Geschäftspraktiken nicht in der echten Welt anwenden. Mal abgesehen von Polizei und Gesetz, bedeutet ein solches Verhalten auch das Ende einer jeden Zivilisation und das Abrutschen in Anarchie. Kurz gesagt, Gewalt kommt nicht in Frage.

Der zweite Weg ist Bestechung. Man bietet einfach mehr Geld. Als Anbieter eines Produktes oder Services bedeutet das, mehr Rabatte, mehr Volumen fürs Geld oder schlicht einen niedrigeren Preis. Das ist aber auch nicht so gut, aus zwei Gründen. Zum einen haben das Streamlining der Produktion und des Absatzweges die Preise ohnehin so sehr abgesenkt, dass ein Tiefer schon gar nicht mehr geht. Zum anderen bedeutet so etwas aber auch die Erziehung zur Illoyalität. Jeden Kunden, den man so gewinnt, rennt ebenso schnell zur Konkurrenz, sobald diese etwas billiger wird oder einen größeren Rabatt anbietet.

Der dritte Weg ist die Kommunikation. Man schafft eine Verbindung zwischen dem Unternehmen und dem Kunden. Diese Kommunikation wird wiederholt und vertieft. Die daraus entstehende Beziehung bindet den Verbraucher an das eigene Unternehmen. Je mehr und je öfter man kommuniziert, desto öfter ist man in König Kundes Bewusstsein, was wiederum die Chance auf einen Kauf erhöht. Daher entwickelt sich das Marketing mehr und mehr dazu, Kommunikationskanäle zwischen Verbraucher und Unternehmer zu entwickeln und weiterzuentwickeln.

Da nun, wie schon gesagt, die Angebote austauschbarer werden, wird die Kommunikation als der entscheidende Faktor immer bedeutender. Kommunikation findet auf vielerlei Wegen statt. Da sind die klassischen Medien wie TV, Radio und Zeitung. Diese verlieren jedoch immer mehr an Bedeutung, denn der Verbraucher hält sich immer mehr von allem fern, was auch nur nach Werbung riecht.

Die klassischen Medien werden durch die digitalen Medien, also das Internet, ergänzt. Jedes Unternehmen hat eine eigene Webseite. Wurden früher über besondere Schlüsselwörter und Bezahlung bei diversen Suchmaschinen das eigene Ranking verbessert, gibt es nun das Schlagwort SEO. Dieses Search Engine Optimized Writing bringt interessante Beiträge auf die eigene Seite. Suchmaschinen finden diese Beiträge und die eigene Seite geht in der Trefferliste nach oben.

Gleichzeitig wird, auch und vor allem in sozialen Netzwerken, König Kunde zur Beteiligung an der Kommunikation motiviert. Er soll seine eigenen Erfahrungen schreiben. Das hilft beim Ranking in der Suchmaschine und es bringt Werbung, die zum einen kostenlos und zum anderen wirksamer ist. Sie ist kostenlos, weil der Kunde, der die Erfahrung schreibt, nichts bezahlen muss. Bestenfalls erhält er die Chance, einen Preis zu gewinnen. Sie ist wirksamer, weil jeder einem

Dritten mehr glaubt, als dem Unternehmen.

Den Anfang machten die noch rein informativen Anzeigen und TV-Spots. Da diese, dank Austauschbarkeit der Produkte und der Services nicht ausreichten, wurden sie mit Emotionen angereichert, um das Interesse des Verbrauchers zu wecken. Im Internet tauchten SEO-Artikel auf. Dann kamen die Foren und Erlebnisberichte, die den Austausch der Nutzer untereinander gestatteten und somit unabhängige Empfehlungen brachten. Nun sind es die Stories. Diese bringen dem Kunden Informationen, wecken Emotionen, helfen beim Suchmaschinen-Ranking und motivieren zu Reaktionen. Das Storytelling wird damit zu neuesten Antwort auf die immer schwierigeren Probleme, die das Marketing und PR mit sich bringen.

Das vorliegende Buch gibt daher dem Neuling im Storytelling die Informationen zur Hand, die er benötigt, um in dieser neuen und doch alten Form der Kommunikation zu bestehen. Als erstes soll dabei das Zusammenkommen der so alten Kommunikationsform der Geschichte mit der heutigen Technologie beschrieben werden. So entwickelt man ein erstes Verständnis über die Bedeutung des Storytellings.

Will man das Storytelling wirklich richtig anwenden, dann muss man auch verstehen, wieso Stories so wichtig für das Gehirn sind. Mit diesem Wissen bewaffnet, kann man die eigenen Geschichten so gestalten, dass sie tatsächlich dorthin gelangen, wo man sie haben will, in den Kopf des Verbrauchers.

Sind diese Grundlagen einmal bekannt, dann geht es an das eigentliche Erzählen einer Geschichte. Das ist noch ein wenig theoretisch und soll einzig auf die Geschichte selbst bezogen werden.

Das wichtige hier ist das Verständnis dafür, wie man eine Geschichte so aufbaut, dass man damit ein Publikum entsprechend erreichen und fesseln kann. Das ist im Grunde sehr, sehr einfach und bildet das wichtigste Werkzeug in der späteren Anwendung dieser Kunst.

Eine jede Geschichte kann gut oder schlecht sein, doch ohne Betroffenheit wird sie niemals das Publikum erreichen. Betroffenheit steht hier für das eigentliche Verlangen des Publikums der Geschichte zu folgen. Mit der richtigen Betroffenheit kann sogar eine schlechte Geschichte sehr erfolgreich werden. Daher wird dieses Buch auch Aufschluss darüber geben, wie man diese Betroffenheit aufbaut.

Theoretisches Wissen ist immer schön und gut, doch man braucht auch das Wissen, wie man die Theorie in die Praxis verwandelt. Daher gibt es hier auch darüber mehr zu lesen. Mit kleinen Beispielen und ein wenig mehr Unterstützung wird es nämlich ganz einfach, das bisherige Wissen auch tatsächlich anzuwenden. So kann man dann die eigene Story auch wirklich an den Mann oder die Frau bringen.

Manch einer wird sich auch fragen, warum eigentlich das Ganze. Besonders Leute mit Erfahrung sind manchmal schwer von neuen Methoden zu überzeugen. Dazu sei aber gesagt, man kann vieles jahrelang tun und man kann auch vieles jahrelang falsch machen. Der wichtigste und schlimmste Fehler ist es, sich nicht an die Entwicklung anzupassen. Wenn man das nämlich verpasst, bleibt man allein zurück und verliert alles. Daher kommt ein Kapitel über König Kunde ganz richtig, um die Wichtigkeit des Storytellings zu betonen.

Das Internet reagiert natürlich auf jede Entwicklung, so auch auf das Storytelling. Hierfür findet man im Internet inzwischen eine unüberschaubare Anzahl von Tools. Die gute Neuigkeit ist, die meisten davon sind kostenlos. Die zweite gute Neuigkeit ist, in diesem Buch werden sie vorgestellt, so dass man sich ein Bild darübermachen kann, was man braucht und wo man es findet.

Wie so oft im Leben gibt es auch beim Storytelling einige sinnvolle Kleinigkeiten. Diese betreffen sowohl das Anwenden als auch das Erlernen dieser neuen Kunst. Diese Tipps beruhen auf den Erfahrungen anderer. Glücklicherweise sind Erfahrungen allumfassend, so dass es keine Schande ist, auch auf die Erfahrungen anderer zu hören.

Wenn man etwas lernen möchte, dann gibt es laut Konfuzius drei Wege. Der erste ist das eigene Nachdenken. Das ist der edelste Weg. Der zweite ist das Nachahmen. Das ist der leichteste Weg. Der dritte ist durch die eigenen Fehler. Das ist der härteste Weg. Die Erfahrungen und das Wissen werden hier zum Nachahmen und zum eigenen Nachdenken angeboten. Dann können auch die Fehler anderer nicht vergessen werden. Diese lassen das Lernen aus Fehlern zu. Da es aber nicht die eigenen Fehler sind, ist es nicht ganz so hart.

Storytelling ist eine faszinierende Kunst, die man sehr leicht handhaben kann, wenn man die nötige Flexibilität des Geistes und die Bereitschaft, Neues zu lernen und auszuprobieren, aufweist. Das vorliegende Buch gibt ein wenig Hilfe, damit das Storytelling auch wirklich erfolgreich wird.

Die älteste Informationstechnologie und die neueste Informationstechnologie

Die Menschheit existiert nun schon seit rund einhundert tausend Jahren. Das ist eine wirklich lange Zeit. Schriften und Kulturen mit tausenden von Angehörigen gibt es erst seit ungefähr zehntausend Jahren. Das ist aber auch noch eine wirklich lange Zeit. Das Internet gibt es seit weniger als dreißig Jahren und Smartphones sind sogar noch jünger. SEO Marketing und Content Marketing sind allesamt Disziplinen, die erst nach dem Internet entstanden. Warum sollte etwas so High-Tech wie das Internet auf etwas so Low-Tech wie das Geschichtenerzählen zurückgreifen. Die Antwort ist ebenso einfach wie einleuchtend: Weil es funktioniert!

Wenn man zurückblickt, dann gibt es so einiges zu bedenken. Die Menschen konnten sprechen, lange bevor sie eine Schrift entwickelten. Sie hatten auch so einiges zu erzählen. Die Höhlenmenschen und Jäger und Sammler würden heute sehr wahrscheinlich Probleme haben, sich in unserer Zivilisation zurechtzufinden. Das heißt aber nicht, sie waren dumm. Genau genommen würden wir es auch nicht leicht finden, uns in deren Welt zurecht zu finden.

Höhlenmenschen, Jäger und Sammler und die Bewohner der ersten Siedlungen hatten so einiges gemeinsam. Sie hatten Bedürfnisse und sie hatten Feinde. Ihre Bedürfnisse richteten sich auf Nahrung, Unterschlupf und Kleidung. Ihre Feinde wollten unsere Vorfahren wiederum als Nahrung. Die sich daraus ergebenden Notwendigkeiten machten schnell erfinderischen.

Als erstes entwickelten unsere Vorfahren Waffen. Damit ließen sich gleich drei Probleme auf einmal lösen. Problem Nummer eins waren da die Raubtiere, der unsere Vorfahren verspeisen wollten. Mit einem ordentlichen Speer hatten man in der damaligen Zeit eindeutig eine bessere Chance gegen die feindlich gesonnene Tierwelt.

Waffen lösten auch das Problem der Nahrungsbeschaffung. Mit Speeren, Schleudern, vielleicht sogar den ersten, primitiven Bögen, was es sehr viel leichter, dem Mammut zu Leibe zu rücken. Hatten sie eines davon erlegt, dann gab es genug zu essen für die ganze Familie und sogar die ganze Höhle bzw. das ganze Dorf.

Die Waffen lösten auch das Problem der Kleidung. War das Mammut einmal erlegt, dann konnte man ihm auch das Fell abziehen und sich modisch darin einwickeln. Da sag noch einer, Waffen seien etwas Schlechtes. Waffen aber wollten erstmal hergestellt sein und sie brauchten Pflege. Das Wissen darum musste an die nächste Generation weitergegeben werden.

Neben den Waffen brauchten unsere Vorfahren auch diverse Werkzeuge. Ohne Werkzeuge ließ sich das Fleisch nicht schneiden. Ohne Werkzeuge ließen sich Felle nicht in modische Kleidung umwandeln.

Neben den Waffen, die das Mammut erlegten und den Werkzeugen, die das Fleisch und Fell zerlegten, brauchte aber unser Urahn noch etwas Anderes. Er brauchte Feuer. Am Anfang konnten unsere Vorfahren kein Feuer machen. Entstand ein natürliches Feuer, zum Beispiel durch einen Blitzschlag, dann musste es gehegt, genährt und erhalten werden. Später, als sie erlernten, das Feuer selbst zu entzünden, änderte sich das. Das mühselige Erhalten des Feuers wurde durch das nicht minder mühselige Entzünden des Feuers ersetzt.

Wie aber konnte nun die Steinzeitfamilie ihren Kindern dieses Wissen weitergeben. Heutzutage ist das einfach. Da gibt es die Schule und natürlich die Universität. Fachrichtungen wie Technical Writing bewahren Wissen und geben es weiter. Unsere Urahnen aber kannten kein Schreiben und natürlich auch keine Schulen. Alles musste in Eigenregie an die Kinder vermittelt werden. Das betraf das Herstellen von Waffen, Werkzeugen und Kleidung, sowie deren Nutzung, als auch alles andere, was man in der harschen Welt von damals zum Überleben brauchte.

Es reichte jedoch noch lange nicht, den eigenen Kindern dieses Wissen einfach nur zu servieren. Man musste es ihnen so geben, dass sie es auch im Kopf behielten. Anders als in der Generation Google konnte man damals nicht eben mal das Internet befragen, wenn man etwas vergessen hatte.

Glücklicherweise war das Leben damals noch natürlicher. Man verschwendete nicht seine Zeit auf nutzlose Computer und das Fernsehen, sondern man lauschte auf die Natur und die innere Stimme. Da kam auch ganz natürlich die Lösung zu dem Problem, wie man Wissen an die Jugend so weitergibt, dass sie es lernten und nicht wieder verlernten. Dieses Mittel war die Geschichte.

Heutzutage leben wir nicht mehr in der Steinzeit. Wir gehen nicht mehr jagen und wir sammeln keine Früchte. Wozu also das Ganze? Weil es immer noch in unserem Kopf ist. Jahrtausende hat unser

Kopf sich Wissen mittels Geschichten angeeignet und auch so behalten. Daran hat das Internet nichts geändert und wird es wahrscheinlich auch nicht ändern.

Einige ganz Schlaue, Ingenieure, Programmierer und Wissenschaftler mögen in der Lage sein, in einer Welt aus puren Fakten und Mathematik zu leben und sich darin vielleicht sogar wohl zu fühlen. Sie werden wahrscheinlich auch nichts von dem vergessen, was sie wirklich interessiert. Wir sind aber nicht alle Ingenieure und Wissenschaftler. Otto-Normalverbraucher mit seiner normalen Persönlichkeit braucht ganz einfach die Geschichte, damit er sich Informationen auch behalten kann.

Skeptiker mögen ihre Zweifel haben, Mütter aber nicht. Es ist doch normal für Eltern und besonders Mütter, ihre Kinder mit Geschichten zu beglücken. Schaut man sich diese Geschichten einmal an, so stecken sie voller hintergründiger Informationen. Dem Kind wird mittels der Geschichten das Wissen vermittelt, das es braucht, um sich in der Gesellschaft zurechtzufinden. Darum haben Geschichten auch eine Moral. Genauer genommen ging es um die Moral zuerst und dann kam die Geschichte als Medium zum Transport der Moral. Selbst Harry Potter und Star Wars vermitteln eine Moral. Genaugenommen wären beide ohne die Moral kaum erfolgreich, denn sie würden als unglaubwürdig empfunden werden.

Damit nicht genug. Der Tag kommt, an dem das Kind nicht mehr nur bei Muttern daheim ist, sondern in die Kindergrippe, den Kindergarten oder die Schule geht. Warum sind Kinder so glücklich, wenn sie das erste Mal in die Schule gehen? Wohl gemerkt, das erste

Mal. Es geht nicht um das hundertste Mal, bei dem die langweiligen Lehrer und feindlichen Mitschüler dem Kind jeden Wunsch nach Bildung ausgetrieben haben. Beim ersten Mal hat das Kind noch Erwartungen. Genauer gesagt, das Kind kann nur erwarten, was es bereits kennt. Was kennt es? Mama, die Geschichten erzählt und Freunde, die spielen. Das Kind erwartet also in der Schule einen Haufen anderer Kinder zum Spielen und einen Haufen von Geschichten, um zu lernen. Kinder wollen nämlich lernen, wie gesagt, beim ersten Mal.

Gute Lehrer setzen natürlich auf diesen Trieb und fangen damit an, den lieben Kinderlein Wissen per Geschichten einzutrichtern. Dazu kommen noch tausend und Millionen von Kindergeschichten als Unterstützung. Diese können die Kinderchen dann zu Hause selbst lesen oder Mama liest sie ihnen vor.

Das Bestreben der Kinder ist ganz natürlich. Ein Mensch kann nur überleben, wenn er genug Wissen hat. Daher wollen Kinder lernen. Ein Mensch erlernt Wissen am besten, wenn er es anhand eines Beispiels bekommt. Was ist ein Beispiel? Es ist nichts anderes als eine Geschichte.

Jeder, der noch Zweifel hat, kann sich nun einfach zurücklehnen. Wenn wir an das denken, was wir in unserer Kindheit erlernten, kommen uns da mathematische Formeln, komplizierte Zusammenhänge oder aber interessante Geschichten in den Sinn?

Kinder erhalten Geschichten von ihren Eltern und Lehrern. Sie sind daran gewöhnt und sie sind damit erfolgreich. Doch irgendwann in ihrem Leben, wahrscheinlich wenn sie 11 oder 12 Jahre alt sind, hört die Geschichtenerzählerei einfach auf. Anstatt der Geschichten kommen immer kompliziertere mathematische Vorgänge, physikalische Gesetze und chemische Formeln. Das Verlangen aber, der Wunsch und das Bedürfnis nach Geschichten bleibt erhalten. Warum sind denn die Soap Operas, Liebesromane und die Filmindustrie insgesamt so erfolgreich? Weil es das ist, wonach sich jeder einzelne sehnt.

Die Natur weiß selbst am besten, was sie braucht, um zu lernen. Kinder sind noch nicht mit Lehren über das Lehren vollgestopft und wissen daher ganz natürlich, was sie brauchen, um zu lernen. Da ist es am besten, dass wir von ihnen lernen, wie wir alle Wissen aufnehmen und behalten.

Anstatt also in der Werbung und beim Unterrichten immer nur zu sagen, wir wollen auf unser Publikum eingehen, sollten wir stattdessen innehalten und uns auf unsere eigene Vergangenheit besinnen. Dann können wir unser Wissen so darreichen, wie es tausende von Generationen lang geschah. Niemand kann sagen, dass unsere Urahnen gescheitert wären, denn wie man sieht, sie haben uns und unsere Zivilisation hervorgebracht. Lernen wir also vom Erfolg unserer Vorväter und dem Gespür der Natur.

Wieso das Gehirn Stories braucht

Heutzutage ist die Gesellschaft in Deutschland sehr gut gebildet. Das Gesetz zwingt die Eltern, ihre Kinder in die Schule zu schicken. Dort werden sie mit Geschichten zuerst ein wenig gelockt und dann mit Fakten vollgestopft und somit bitter enttäuscht. In anderen Worten, wir beginnen unsere geistige Entwicklung mit Mama und Papa, Oma und Opa, die uns alle ihre Geschichten erzählen. Wir bekommen Märchen von unseren Eltern und Großeltern vorgelesen und sind so richtig glücklich. Dann kommt die Zeit des Erwachsenwerdens, in welcher wir uns von den Geschichten wieder lösen. Wir werden gebildet, ausgebildet und studiert. Warum also brauchen wir dann noch Geschichten? Im Grunde sollten wir uns doch an den Zustand von Zahlenkolonnen und Faktenwüsten längst gewöhnt haben. Leider funktioniert das aber nicht so.

Unser Geist kann im Grunde genommen in zwei Bereiche aufgeteilt werden. Das haben wir natürlich auch in der Schule gelernt. Jeder Mensch hat ein Bewusstsein und ein Unterbewusstsein. Wie wahrscheinlich auch jeder weiß, ist das Unterbewusstsein weit größer und mächtiger als das Bewusstsein. Im Grunde genommen verhält es sich so wie bei einem Eisberg, dessen kleine Spitze über das Wasser schaut und dessen massiver Körper unter der Wasseroberfläche schwimmt. Das Bewusstsein ist die kleine Spitze und das Unterbewusstsein der massive Körper. Das hat so auch seine Richtigkeit, denn das Unterbewusstsein muss eine Menge sehr komplexer Vorgänge bewältigen, die das Bewusstsein nur bei seiner Funktion behindern würde.

PAUL TURM

Für das Storytelling ist jedoch ein kleiner Zusatz hierzu interessant. Das Bewusstsein befasst sich mit Zahlen und Daten. Es verarbeitet Fakten, stellt Analysen an und ist die ganze Zeit ziemlich logisch beschäftigt. Das Unterbewusstsein auf der anderen Seite kümmert sich um Emotionen, Bilder und Geschichten. Das macht auch die Faszination vieler Bilder und Geschichten aus. Sieht man sich das Bild eines niedlichen Hundes an, liefert das Unterbewusstsein die nötigen Gefühle. Ohne diese wäre das Bild wahrscheinlich nur langweilig. Das gleiche gilt bei den Geschichten. Wenn unsere geliebte Hauptfigur zu Schaden kommt, dann leidet unser Herz mit. Warum? Weil das Unterbewusstsein die entsprechenden Gefühle dazu liefert.

Ohne Emotionen jedoch empfinden wir Informationen meist nur als recht langweilig. Das kann man schon allein daran sehen, wie man auf einen Wirtschaftsbericht reagiert. Dieser ist im Grunde genommen recht spannend. All die Informationen darin geben über die Gesundheit eines Unternehmens und seinen finanziellen Zustand Auskunft. Was aber tun wir am Abend, wenn wir zu Bett gehen? Lesen wir einen Wirtschaftsbericht, den wir uns womöglich noch selbst im Internet heruntergeladen haben? Eher nicht. Wir halten uns an den Liebesroman oder die Geistergeschichte. Dabei bietet die doch nur wenig Neues. Liebesromane erlebt man selbst und Geistergeschichten, naja, manchmal wünscht man sich bestimmt, man wäre einer. Dennoch sind es diese doch eher banalen Geschichten, die uns so interessieren. Warum? Sie liefern uns ein Gefühl.

Gehen wir noch einen Schritt weiter. Was wollen wir mit PR und Marketing eigentlich erreichen? Wir wollen dem Verbraucher einen Handlungsimpuls geben. Die Information, die wir an den Kunden bringen, soll ihn dazu veranlassen, zu unserem Unternehmen zu kommen und unseren Service oder unser Produkt zu kaufen.

Liefert man dem Kunden nun Zahlen, Daten und auch noch Fakten, dann beginnt er zu analysieren. Liefert man ihm aber Emotionen, Bilder die nachdenklich stimmen und Geschichten, dann gelangt man ins Unterbewusstsein. Von dort ist es nur ein kleiner Weg bis zum Herzen und bis zur Hand, d.h., der Handlung. Daher kommt auch der Eindruck, dass manche Menschen Tiere besser als andere Menschen behandeln. Sie sehen das Tier und haben Mitleid. Das Mitleid löst eine Handlung aus. Sie hören im Radio oder lesen in der Zeitung über den Hunger und die Armut in der Welt. Das sind aber bloße Fakten und werden analysiert. Sie lösen aber keine Handlung aus.

Die Konsequenz ist, dass man dem Kunden mit Emotionen kommen muss. Dann erreicht man das Unterbewusstsein und damit erreicht man die erwünschte Handlung. Fakten bringen nur eine Analyse. Diese kann dann zugunsten des eigenen Produktes oder des eigenen Service ausfallen oder auch nicht. Aber selbst wenn das eigene Angebot dann als gut bewertet wird, reicht das immer noch nicht unbedingt zum Kauf. Die Emotion aber hat nur einen kurzen Weg und löst eine Kaufentscheidung sehr schnell aus.

Natürlich erreichen auch Fakten und Zahlen manchmal das Unterbewusstsein. Nach einer entsprechenden Analyse können sie erstmal als unwichtig abgetan werden und haben schon verloren. Wenn sie aber als positiv bewertet werden, haben sie eine Chance, mit einem Bild und einer Emotion versehen, in das Unterbewusstsein zu gelangen und dort die gewünschte Wirkung zu entfalten. Das bedeutet jedoch eine große Anstrengung für das Gehirn.

Nun kann man natürlich sagen, dass mit der heutigen Bildung das Gehirn diese Umwandlung von nackten Fakten im Bewusstsein zu emotionalen Bildern im Unterbewusstsein leisten kann. Training ist alles und schließlich wurde das Gehirn schon in der Schule und danach in der Uni und dann im Job immer weiter auf die Analyse und Verarbeitung von Fakten trainiert. Daher, keine Schwäche vorgetäuscht, Hirn eingeschaltet und Fakten verdaut. Wenn es doch nur so einfach wäre!

Unser Gehirn muss sich konzentrieren, um richtig zu arbeiten. Kann es das normalerweise? Die vorschnelle Antwort ist wahrscheinlich ja. Diese Antwort ist aber tatsächlich vorschnell. In unseren Köpfen gibt es immer eine kleine Stimme. Natürlich ist jetzt keine geistige Abnormität oder Fehlentwicklung gemeint. Es geht vielmehr um unsere Aufgaben oder Pläne. Da ist die Ermahnung, dass wir unseren Einkauf heute machen müssen, denn die Sprudelflaschen gehen aus oder wir brauchen noch ein paar mehr Tiefkühlpizzen. Da ist der Gedanke an den Chef, für dessen Meeting wir noch den Bericht vorbereiten müssen und dann sind da noch die Kinder. Die müssen von der Schule abgeholt werden und für den nächsten Auftritt im Schultheater muss noch ein Kostüm her. Diese Stimme ermahnt uns ständig und übt Druck auf uns auf. Die Stimme, die von außen versucht, mit Zahlen und Fakten diesen Druck zu durchbrechen, hat es nicht nur meistens sehr schwer, sie wird oftmals einfach nur ignoriert. Daher kommt auch die Abneigung von Otto-Normalverbraucher gegenüber der Werbung. Wir wollen keine Verlockungen und Handlungsaufforderungen, wir haben schließlich schon genug zu tun.

Gleiches geschieht auch, wenn einen der Gegenüber mit irgendwelchen Informationen kommt. Wir schalten oftmals ab. Das geschieht ganz unwillkürlich. Wir sind dann überrascht, warum wir nichts verstanden haben und der Andere verliert seine Geduld. Das ist es, was wir wirklich in der Schule gelernt haben. Dort wurde das Gehirn mit nackten Zahlen und Fakten drangsaliert und flüchtete sich in die Fantasie. Natürlich wollten wir nicht von unserem Lehrer erwischt werden. So haben wir gelernt, interessiert dreinzublicken, dabei befinden wir uns innerlich wahrscheinlich irgendwo am Strand oder im letzten Liebesroman.

Das Ganze wird durch zwei Umstände verschlimmert. Zum ersten empfinden wir die Fakten von außen als sehr langweilig, daher wird es uns ohnehin sehr schwer, dem zuzuhören. Schlimmer jedoch ist, dass uns die innere Stimme unsere Geschichte so erzählen kann, wie wir sie wollen. Da ist es fast unmöglich, der inneren Stimme nicht zu lauschen. Soweit, so schlimm. Es wird aber noch schlimmer.

Das Gehirn hat ein sogenanntes Angstzentrum, die Amygdala. Dieses befindet sich ungefähr fünf Zentimeter hinter den Augen. In diesem Angstzentrum befindet sich alles, was für das Überleben von Wichtigkeit ist. Das Ziel des Marketings und der PR ist natürlich, dort hinein zu gelangen. Das ist aber einfacher gesagt als getan.

Das Angstzentrum ist nur für die wirklich wichtigen Dinge zuständig. Damit es nicht mit unwesentlichen Belanglosigkeiten belästigt wird, hat es einen Wächter, den Hypothalamus. Dieser lässt nur die Informationen zum Angstzentrum durch, die auch wirklich wichtig sind.

Wie schon im vorigen Kapitel besprochen, erzählten sich unsere Vorfahren alle wichtigen Informationen als Geschichten. So konnten die Informationen nicht nur gelernt werden, sie wurden auch nicht mehr vergessen. Der Hypothalamus ist ein sehr konservativer Wächter. Er möchte ebenfalls Stories hören und dann entscheiden, ob die Information durchgelassen wird. Er lässt sich nicht mit PowerPoint oder Content Marketing überlisten.

Auf der anderen Seite steht unsere innere Stimme, die uns vor dem Chef warnt, der seinen Bericht braucht und der eigenen Frau oder dem eigenen Mann, der sauer auf uns sein wird, wenn wir wieder keinen Sprudel kaufen. Hier hat natürlich diese Story Vorrang vor den Vorzügen des neuesten Services oder Produktes.

Um es kurz zu machen, wenn man den Verbraucher mit seiner Botschaft erreichen will, muss man sie ihm so servieren, wie er sie am besten verarbeiten kann. Das geht natürlich mit Stories, denn jeder Hollywoodfilm und jeder gute Roman hat Erfolg einfach nur deswegen, weil er die alten Anforderungen unseres Gehirns erfüllt.

Wie baue ich eine Story auf

Alle Stories sind gleich, alle haben viel gemeinsam und jede ist unterschiedlich. Das klingt widersprechend? Wirklich? Alle Stories sind gleich, denn sie haben die gleichen wesentlichen Elemente. Da sie viele wesentliche Elemente gemeinsam haben, haben sie eben viel gemeinsam. Dennoch sind sie unterschiedlich, denn so ist das Leben, es ist anders für jeden Einzelnen.

Wenn man das so anschaut, dann ist die Antwort auf die Frage „Wie baue ich eine Story auf?" ebenso einfach wie unlösbar schwer. Das ist richtig und falsch zugleich.

Die Antwort ist sehr einfach. Man schaue sich nur in seinem Leben um. Was will man? Was will man nicht? Was man will, das setze man in die Story. Was man nicht will, nun, das lasse man einfach weg. Immer noch zu schwer? Bestimmt. Doch es wird bald einfacher.

Was will man? Erfolg. Daher baue man den in die Story ein. Was will man nicht? Misserfolg. Daher lasse man diesen aus. Dummerweise ist das nicht ganz so richtig. Wie schon besprochen, haben alle Menschen zwei Dinge: ein Bewusstsein und ein Unterbewusstsein. Manchmal will das Unterbewusstsein etwas, was das Bewusstsein auch will, nur eben anders.

Zurück zum Anfang. Was will man? Man will eine glaubwürdige Story. Was will man nicht? Eine unglaubwürdige Story. Was will man? Unterhaltung. Was will man nicht? Langeweile.

Wie geht das zusammen? Zum ersten muss die Story so fest im Leben verankert sein, dass sie glaubwürdig ist. Gleichzeitig muss die Story sich so sehr vom täglichen Leben unterscheiden, dass sie interessant ist.

Schauen wir einfach mal auf ein extremes Beispiel. Nehmen wir „Star Wars" oder „Star Trek". Beide sind doch total unglaubwürdig. Menschen fliegen durch das Weltall und schießen auf Aliens und die schießen zurück. Oder sind sie etwa glaubwürdig? Schießen die Menschen nicht auch auf der Erde? Dazu kommen noch jede Menge persönliche Konflikte, wie Freundschaften, Liebe, Hass. Ja, das ist alles, was wir auch von unserem alltäglichen Leben kenne. Daher ist es glaubhaft, Weltall und Raumschiffe hin oder her. Gleichzeitig ist es auch total anders, eben im Weltraum.

Nun muss man aber mit seiner Geschichte nicht gleich im Weltraum beginnen, um anders zu sein. Manchmal genügt einfach nur die kleine Abwechslung. Soweit jedoch steht eines fest, das menschliche muss stimmen, dann glauben wir die Raumschiffe von allein.

Wie also bauen wir eine Story auf? Wir folgen dem Gefühl. Was will das Gefühl? Zwei Dinge. Erstens will das Gefühl Unglück. Das ist es, was unser Unterbewusstsein erwartet. Nach Jahrtausenden hat sich das Unterbewusstsein eingestellt. Die Welt ist schlecht. Daher wird alles Schlechte als glaubwürdig eingestuft und alles Gute angezweifelt.

Das Unterbewusstsein glaubt dem Unglück und misstraut dem Glück. Das ist aber noch nicht alles. Wir brauchen auch die Überwindung des Unglückes. Warum? Weil es uns hoffen lässt. Es lässt uns daran glauben, dass es auch uns eines Tages bessergehen kann. Soweit, so einfach.

Aus dem Gesagten lässt sich schon ganz einfach eine Story ausbauen. Als erstes braucht man Unglück, das verwandelt sich in Glück und am Ende ist jeder happy. OK soweit?

Gehen wir mal an das Ganze etwas langsamer heran. Um eine Story zu verstehen, brauchen wir genau 5 Punkte. Der erste Punkt ist Glück, der zweite Punkt ist Unglück, der dritte Punkt ist der Anfang, der vierte Punkt ist das Ende und der fünfte Punkt ist unsere Story am Anfang.

Jede Story sollte glaubwürdig beginnen. Nochmal, das Unterbewusstsein erwartet Unglück. Daher brauchen wir eben dieses. Eine Story kann demnach auf dreierlei Weise beginnen. Erstens, sie fängt im Unglück an. Zweitens, sie fängt im Normalbereich an und drittens, sie fängt im Glück an. Das ist jedem selbst überlassen. Wie wir fühlen, so fangen wir an.

Das Unterbewusstsein erwartet Unglück. Wer im Unglück anfängt, der ist schon mal richtig. Wer im Glück anfängt, der braucht nun etwas Besonderes, etwas Unglück. Zum Beispiel die gute alte „Junge trifft Mädchen" Story. Da ist der Junge, der glücklich ist. Vielleicht hat er gerade ein Examen in seiner Schule bestanden, vielleicht hat er gerade Geld auf der Straße gefunden oder was auch immer ihn beflügelt. Dieser Junge trifft auf ein Mädchen. Nun ist er sogar noch glücklicher. Sie ist jung, sie ist schön und alle sind fröhlich. Doch halt, sie hat einen Freund. Da fängt das Unglück an. Wahrscheinlich aber ist der Freund ein schlechter Mensch und irgendwie, nach vielen Hindernissen, findet der Junge zu dem Mädchen. Das Unglück ist überwunden. Das ist eine echte Erfolgsstory.

Wie gesagt, das Gehirn erwartet Unglück. Man braucht also nicht im Glück anzufangen. Zurück zur „Junge trifft Mädchen" Story. Hier hat der Junge eben einen normalen Tag. Er geht zur Schule, wie immer, und lernt, wie immer. Dann kommt die neue Schülerin, ach je, sie ist so schön. Schon guckt er sich die Augen aus und ist froh. Nur ist sie nicht an ihm interessiert. Das Unglück nimmt seinen Lauf. Irgendwie aber, nach einigem hin und her, kommt er ihr oder einer anderen aber doch näher und siehe da, er hat eine Freundin. Das Glück ist perfekt und die Story ebenso.

Für die Unglücklichen ist es sehr einfach. Man nehme nur einen Menschen, der nichts hat. Zum Beispiel das Mädchen, dessen Eltern es nicht leiden können. Dann setzt man in diese Geschichte einen schönen Prinzen. Jetzt braucht man noch etwas mehr Unglück, zum Beispiel eine Prinzessin, die der Prinz heiraten soll. Wenn alle so hübsch unglücklich sind, sieht er das arme Mädel, verliebt sich, schiebt die Prinzessin zur Seite und nimmt die Arme zur Frau. Klingt das unglaubwürdig? Man braucht nur einige der Hollywoodgeschichten anzusehen, dann weiß man, was glaubwürdig ist.

War das zu schnell? Nochmal, alles was man braucht ist Unglück und deren Überwindung durch einen Helden. Die Geschichte kann im Glück, im normalen Zustand oder im Unglück beginnen. Wichtig ist, dass es ein Unglück gibt. Dieses muss überwunden werden.

Alle Menschen empfinden mehr oder weniger Unglück in

ihrem Leben. Daher kommt auch das Wort „Weltschmerz". Dieses Wort ist so berühmt, dass es sich sogar im englischsprachigen Raum durchgesetzt hat. Das Wort „Weltschmerz" bedeutet, dass man einen Schmerz empfindet, weil die Welt einfach falsch läuft. Das ist es auch, was uns alle an das Unglück zuerst glauben lässt. Jeder empfindet Enttäuschung und jeder möchte zum Sieger, zum Helden werden. Daher folge man diesem Verlauf.

Die Ausgangssituation sollte also normal mit dem üblichen Unglück, richtigem Unglück oder ein wenig Glück sein. Dann folgt das richtige Unglück und dann gibt es das Happy End.

Das nächste Hindernis, wenn man seinen Storyverlauf kennt, ist, wie fängt man an. Will man einfach nur eine Story schreiben, dann mag das wirklich ein Problem sein. Will man für Marketing eine Story schreiben, dann wird das schon einfacher.

Für die Story beginnt man ganz einfach mit einer alltäglichen Situation oder mit einem Knall. Beides ist richtig, solange man entsprechend weitermacht. Jeder Anfang beginnt etwas ungelenk. Das ist normal. Es kommt einfach darauf an, was man erzählen möchte. Es kommt auch auf einen selbst an, wie man selbst gerade fühlt und denkt, wenn man schreibt.

Natürlich ist ein Knall gut, um die Aufmerksamkeit des Lesers zu wecken. Doch wenn danach nichts mehr kommt, ist die Enttäuschung umso größer. Wichtig ist, die Aufmerksamkeit des Lesers zu wecken, doch dafür braucht es keinen Knall. Es genügt bereits, die Figuren der Geschichte, die Akteure, so vorzustellen, dass sich der Leser selbst wiederfinden kann. Dann bleibt er auch dabei und will mehr.

Geht es um Marketing, dann hat man ein Ziel. Man hat ein Produkt oder einen Service. Man fängt also damit an, dass einem dieses Produkt oder dieser Service nicht zur Verfügung steht. Man erklärt, warum das ein Problem ist und der Rest folgt von allein. Klingt das zu einfach? Offen gestanden, es kann kaum einfacher sein. Man muss eben einfach nur anfangen.

Nach dem Anfang geht's ins Unglück und nach dem Unglück zum Erfolg. Dann hat jeder, was er wollte oder verdiente und die Story ist verkauft. Hat man diesen Plan zur Hand, dann kann man auch die gesamten Geschichten, die im Fernsehen und den verschiedenen Büchern verarbeitet werden, ganz einfach verstehen und eventuell auch nachahmen.

Findet man nun wirklich und partout keinen echten Anfang, dann lasse man den eben weg. Man beginnt, als ob der Anfang schon geschrieben sei. Man beginnt also in der Mitte. Später dann, wenn man schon was geschrieben hat, kann etwas Interessantes geschehen. Man entdeckt, dass man gerade den Anfang geschrieben hat. Dann kann man glücklich sein und einfach weitermachen. Oder man entdeckt, dass man noch eine Einleitung braucht. Da man aber nun schon was hat, auf das man hinarbeiten kann, fällt es plötzlich nicht mehr so schwer, die Einleitung entsprechend zu schreiben.

Wie schaffe ich Betroffenheit

Warum ist gerade Hollywood so erfolgreich? Ja, andere sind es auch, aber warum immer Hollywood? Wegen der Special Effects? So möchte man glauben, doch wenn man genauer hinsieht, dann ändert sich das Bild. Es gibt einen künstlichen Hype und einen richtigen Erfolg. Ein künstlicher Hype ist schnell geschaffen. Man nutzt einfach nur jede Menge Geld für jede Menge Marketing. Hat der Zuschauer den Film gesehen, dann zählt er für die Statistik. Unerheblich ist, ob der Zuschauer den Film überhaupt mochte. Richtigen Erfolg sieht man daran, dass die Geschichte auch noch nach Jahren gern gesehen oder sogar wieder neu verfilmt wird.

Was macht eine Story erfolgreich? Einfach gesagt, die Akteure. Eine Story ist dann erfolgreich, wenn sie glaubwürdig ist. Glaubwürdig sind das Unglück und am Ende das Glück. Das Unglück ist glaubwürdig, weil unser Unterbewusstsein es schlicht und einfach erwartet. Das Glück am Ende ist erfolgreich, weil wir es erhoffen. Warum brauchen wir noch mehr? Weil eine Geschichte mehr hat, als eine Story. Eine Geschichte hat Akteure, auch Charaktere oder Figuren genannt.

Die Leute, die in den Geschichten aktiv sind, und deren Umstände, die sind es, die den Erfolg bringen. Die Geschichte selbst mit ihrem Verlauf haben wir schon im letzten Kapitel beleuchtet. Nun geht es um die handelnden Personen, die Akteure.

Die Akteure müssen glaubwürdig sein. Dafür brauchen sie eine emotionale Basis. Warum? Weil unser Unterbewusstsein über die Glaubwürdigkeit entscheidet und es sich über Emotionen freut. Man braucht also Personen, die Emotionen wecken.

Des Weiteren müssen sich die Zuschauer oder Leser mit der Person identifizieren können. Dazu muss man etwas über die Personen wissen. Die Figuren dürfen nicht weltfremd sein. Sie müssen Angst haben, Selbstvertrauen, Entschlossenheit und andere Eigenschaften, aber nur so viel und soweit, wie es die Situation verlangt. Sie müssen akzeptable Lebensumstände aufweisen und versuchen, sich in ihrem Leben zurechtzufinden.

Ist die Emotion da und der Leser bzw. Zuschauer kann sich mit der Figur identifizieren, dann ist die Betroffenheit vorhanden. Das bedeutet nichts anderes, als dass derjenige, der die Geschichte konsumiert, ein Interesse daran hat, mehr zu erfahren.

Wie kann man Betroffenheit in der eigenen Geschichte erreichen? Man muss damit anfangen, den Protagonisten (eine der Hauptfiguren) in einer alltäglichen Situation zu setzen. Das wäre zum Beispiel der Mann in einer Bar, der eine Frau kennenlernen möchte. Eine andere Situation ist die Frau, die nach der Arbeit noch schnell was für die lieben Kinderlein zum Essen einkaufen muss. Da ist der Mitarbeiter, der einen Auftrag vom Chef bekommt. Die Möglichkeiten sind unendlich und die Situationen austauschbar. Man kann sie in ein Büro von heute, in ein Raumschiff von morgen oder eine Burg von gestern setzen. Man bleibe immer nur hübsch glaubwürdig, indem man die Figuren so entwickelt, wie normale Menschen reagieren.

Der Begriff Betroffenheit hat mitunter sehr unter schlechter Publicity gelitten. Das kommt daher, weil allzu oft mit rührseligen Stories versucht wird, die Aufmerksamkeit der Leserschaft auf sich zu lenken. Betroffenheit muss aber nicht unbedingt Rührseligkeit bedeuten. Der Protagonist der Story kann auch mit seiner Fähigkeit zur Selbstbehauptung glänzen.

Das geht ungefähr so. Ein Mädchen ist recht klug und in der Schule erfolgreich. Dann bekommt sie die Chance, an einem großen Wettbewerb teilzunehmen. Auf diesem Wettbewerb kann sie etwas Wichtiges für die Zukunft gewinnen. Nun ist sie aber scheu und traut sich nicht. Noch ein paar Extrapunkte, wie zum Beispiel Eltern, die ihr Gegenüber gleichgültig sind, und die Rührseligkeit ist komplett. Eine gute Freundin hilft ihr nun auf die Sprünge und siehe da, sie gewinnt den Wettbewerb und das Glück ist vollkommen, denn der Junge, den sie heimlich anbetet, sieht sie dabei und wird ihr neuer Freund.

Diese Geschichte kann man aber auch ohne Rührseligkeit aufbauen. Das gleiche Mädchen hat den Wunsch, Manager zu werden. Sie ist erfolgreich in der Schule und eine Bank schreibt einen Wettbewerb für ihre eigene Nachwuchsgewinnung aus. Das ist natürlich die Chance eine Karriere zu beginnen. Dann brauchen wir noch etwas Unglück. Vielleicht ist ihr Freund einfach nur ein echt schlechter Mensch. Da haben wir das Unglück. Anstatt aber Rührseligkeit und die helfende Freundin wird das Mädchen als starke Person gezeigt, die über das Unglück triumphiert. Sie kann natürlich auch Freundinnen haben, die ihr helfen, aber man zeigt das Mädel einfach nicht als verzweifelt und hilflos. Am Ende wird der Freund sogar nett, denn er erkennt, was für einen Schatz er wirklich hat. Das ist aber jedem Schreiber selbst überlassen.

Geschichten müssen Betroffenheit erzeugen, damit der Leser mit der Handlung mitfiebert. Sie brauchen aber eben nicht rührselig zu sein. Es geht darum, die Figuren glaubwürdig zu gestalten. Außerdem müssen sie etwas haben, womit sich das Publikum identifizieren kann.

Storytelling in der Praxis

In der Praxis muss man nun all das gesagte vereinen. Das ist manchmal leichter gesagt, als getan. Daher fangen wir noch einmal an. Das Storytelling ist eine der ältesten Formen der Weitergabe von Informationen. Sie funktioniert, weil eine Story die nötige Aufmerksamkeit beim Leser, Zuhörer oder Zuschauer hervorruft und danach auch noch im Kopf bleibt.

Die Story ist irgendwo zwischen zehntausend und einhunderttausend Jahre alt. Sie hat sich bewährt. Mit ihr kann man in das Angstzentrum im Gehirn des Anderen gelangen. Man muss aber erst den Türsteher des Angstzentrums überwinden. Dieser sortiert alles unwichtige aus. Ihn muss man überzeugen, dass die eigene Botschaft wichtig ist. Dazu muss man nur ein paar kleine Punkte beachten.

Die erste Frage, die der Türsteher stellt, ist: „Was hat das mit mir zu tun?" Wenn wir uns einmal selbst beobachten, wenn wir einen Brief bekommen oder ein Rundschreiben oder im Internet stöbern, was entdecken wir da? Wir wollen immer erst wissen, ob etwas für *uns* interessant sein soll.

Man muss also gleich am Anfang dem potentiellen Kunden, Leser oder Zuschauer einen Grund liefern, der Geschichte zu folgen. Dazu braucht man die Betroffenheit. Diese kann man auf dreierlei Weise erreichen.

Der erste Weg ist es, mit den Figuren zu überzeugen. Am Anfang stellt man dem Publikum die Protagonisten in ihrer Ausgangssituation vor. Diese müssen den einzelnen Leser oder Zuschauer erreichen. Das geschieht, indem sie wie die Menschen im Publikum sind. Sie haben Sorgen und Nöte, wie wir alle sie kennen. Der Mitarbeiter im Büro, der unter dem Stress der Überlastung leidet, wird mit Sicherheit eine Menge Betroffenheit auslösen. Das Gleiche gilt für den Abiturienten im Abiturexamen. Das sind Situationen, die jeder kennt. Ein anderes Beispiel ist der Mann in der Bar und die Frau kommt herein. Viele Männer wollen eine Frau ansprechen, sie identifizieren sich mit dem Mann. Viele Frauen werden angesprochen oder wollen angesprochen werden. Sie identifizieren sich mit der Frau, die hereinkommt. Hier erreicht man also fast einhundertprozentige Betroffenheit.

Der zweite Weg ist mit einem Knall zu überzeugen. Man startet mit einer richtig schlechten Situation, die so abgefahren aber glaubwürdig ist, dass sie sofort fesselt. Hier ist aber Vorsicht geboten. Ist der Actionmoment vorüber, muss immer noch wie im ersten Weg eine gewisse Betroffenheit erzeugt werden, um das Publikum bei Stange zu halten.

Ein Beginn mit Action kann eine Kriegsszene, ein Unfall mit schrecklichen Folgen oder etwas Ähnliches sein. Wichtig ist, gleich die ersten beiden Sätze müssen den Kracher bringen. Zum Beispiel: „Es war dunkle Nacht, aber der Himmel war erhellt von dem Feuer, das um Thomas herum tobte!" Hier ist schon im ersten Satz eine richtig schlechte Situation gegeben und man will wissen, was es mit dem Feuer auf sich hat und wie Thomas aus der Gefahr entkommen kann.

Die ersten beiden Wege sind gut für die, die einfach nur eine Geschichte erzählen wollen. Der dritte Weg ist vor allem gut fürs Marketing und PR. Hier gilt, dass die Botschaft glaubwürdig ist, wenn man dem Botschafter glaubt. Hier muss man also sich selbst, seinen Service oder sein Unternehmen so vorstellen, dass man sich von den Mitbewerbern abhebt. Man muss gleich am Anfang den Grund liefern, warum das Publikum der eigenen Botschaft und nicht der der Konkurrenz zuhören sollte.

Besonders für Marketing und PR ist der Anfang von überragender Bedeutung. Wer ins Kino oder mit einem Buch zu Bett geht, der will unterhalten werden. Hier macht es nichts aus, dass der Anfang etwas langsamer ist und die Spannung sich nach oben arbeitet.

Im Marketing und PR dagegen trifft man auf ein überladenes Publikum. Schlimmer noch, dieses Publikum neigt dazu, sofort jede Form von Aufmerksamkeit zu verlieren, wenn etwas auch nur entfernt nach Werbung aussieht. Hier hat man nur Sekunden, um den Einzelnen von sich und seiner Botschaft zu überzeugen. Daher muss in diese ersten paar Sekunden etwas kommen, dass das eigene Produkt, den eigenen Vortrag oder den eigenen Service hervorhebt. Hier ist der Vortrag noch hinzugefügt, denn oft genug verhält es sich in einem Meeting bzw. auf einer Konferenz ähnlich. Der Sprecher beginnt langweilig und das Publikum tut, was es in der Schule gelernt hat. Es täuscht Interesse vor, während es innerlich sehr weit weg ist.

Man muss die Aufmerksamkeit gleich am Anfang greifen und dann nicht wieder loslassen. Dazu arbeitet man am besten mit Bildern oder Vergleichen. Man nimmt eine bekannte Information und setzt noch einen drauf. Am besten packt man auch gleich den Helden noch dazu. Ein einfaches Beispiel soll das verdeutlichen. Nehmen wir etwas absolut Unspektakuläres. Das ist ein anderes Problem in der Werbung. Mitunter soll man etwas verkaufen, dass einfach keinen Knall zulässt. Ein solches Produkt kann zum Beispiel die Wandfarbe sein. Etwas weniger spektakuläres als Wandfarbe wird es wahrscheinlich nicht geben.

Das gute am Storytelling ist, dass es eine Story erzählt, man muss sich also nicht in 5 Sätzen komplett ausdrücken. Daher fängt man mit einem Knall und liefert die Informationen danach. Die Wandfarbe kann nun glücklich anfangen, zum Beispiel so: „Die Wandfarbe, die Leben rettet!" Wow, das eigene Leben ist in Gefahr? Man fängt mit Glück an, Leben retten, und leitet schon das Unglück ein, denn es muss gerettet werden. Man hat schon mal die Aufmerksamkeit der Leser.

Ein anderer Anfang ist: „Thomas nahm sich das Leben!" Auch hier werden die Leute hellhörig. Man kann das aber noch auf die Spitze treiben: „Jedes Jahr nehmen sich 5000 Menschen das Leben!" Die Zahl muss nicht unbedingt stimmen. Wenn man es genau mag, kann man auch die Statistiken befragen.

Leute nehmen sich das Leben. Das bringt schon mal Interesse. Jetzt braucht man einen Grund. Den kann man für alle drei Beispiele verwenden. „Die eigenen vier Wände können schwere Depressionen auslösen." Aha, nun weiß das Publikum, dass das eigene zu Hause die Gefahr darstellt, genauer, die eigenen vier *Wände*. Jetzt kann man Erklärungen anfügen, warum die eigenen vier Wände Depressionen verursachen. Der Fantasie sind dabei kaum Grenzen gesetzt. Das kann die Eintönigkeit sein, der Umstand, dass man den Anstrich erneuern muss, dass sich die Farbe abnutzt oder verändert, dass die Farbe, bzw. der Farbton, selbst depressiv macht. Welchen Vorteil auch immer die eigene Wandfarbe bringt, dessen Gegenteil sollte als Grund für die Depressionen herhalten. Ist die eigene Wandfarbe hell, dann macht die dunkle Wandfarbe depressiv. Hält die eigene Wandfarbe besonders lang, dann ist das ständige Neustreichen der Grund für die Selbstmorde.

Am Ende bringt man den Vorteil der eigenen Wandfarbe als die Lösung für das Problem. Das kann dann als Geschichte so ausse-hen: „Thomas nahm sich das Leben. Seine eigenen vier Wände mach-ten ihm zu schaffen. Er konnte es nicht mehr ertragen, jedes Jahr seine Wohnung neu streichen zu müssen. Depressiv geworden, sprang er aus dem Fenster seiner Wohnung im zehnten Stock. Mit xxx Wandfar-be wäre das nicht passiert. Die hält für zehn Jahre!"

Hier haben wir das Unglück: Thomas, der aus dem Fenster springt. Wir haben Betroffenheit, all diejenigen, die ihre Wohnung streichen müssen. Wir haben auch einen Helden, die xxx Wandfarbe, die man nicht ständig erneuern muss. Und wir haben Glück, die Wand-farbe, die hält. Eine nette Story. Das wird vielleicht kein Hollywood-film, aber es wird ein Verkauf für Wandfarbe.

Was schon angesprochen wurde, was auch in eine Story ge-hört, ist ein Held. Jeder Held braucht auch einen Gegenspieler. In Tho-mas Story ist der Held die xxx Wandfarbe und der Gegenspieler die alte Wandfarbe, die ihn in den Tod trieb. Der Held gehört benannt, der Gegenspieler kann benannt werden oder man deutet ihn nur an. Wich-tig ist, er muss da sein.

33

Für das Marketing und für PR bedeutet das alles also, sich zu überlegen, warum das eigene Produkt, der eigene Service oder der eigene Vortrag für die PR wichtig für das Publikum ist. Dann muss man einen Anfang finden, der sofort die Aufmerksamkeit weckt und schlussendlich braucht man einen Helden nebst Gegenspieler. Das Fehlen des eigenen Produktes oder Services löst das Unglück aus. Dann tritt es hinzu und das Glück tritt ein. Voila! Die Story ist fertig und das Produkt oder der Service wird ein Verkaufsschlager.

Storytelling in Social Media

Social Media ist eine logische Entwicklung, die jedoch ganz anders verlief, als sie vorhergesagt wurde. Mit der Erfindung des Internets wurde dieses verteufelt und schließlich mit den sozialen Netzwerken wurden diese auch gleich mit verteufelt. Man befürchtete, die Menschen würden vereinsamen. Anstatt irgendwo hinzugehen würden sie nur noch daheim vor dem Computer sitzen und online kommunizieren. Anstatt einzukaufen, würde man das Essen online bestellen und anstatt zur Arbeit zu gehen, würde man emailen. So wurde es vorhergesagt und so ist es nicht gekommen.

Was stattdessen passiert, ist, dass die Welt zusammenwächst. Anstatt Vereinsamung erleben wir nun mehr Freundschaften und vor allem mehr Freundschaften mit Personen aus anderen Kulturen. Wir interagieren, wir erzählen uns etwas und wir vermitteln Wärme, Mitgefühl, Freude und Kummer. Wir teilen unsere Gefühle. Wir teilen uns mit.

Diese neue Form der Social Media hat nicht nur das soziale Leben nicht beendet, es hat sogar der ältesten Form der Kommunikation, der Geschichte, zu einer Wiedergeburt verholfen. Geschichten unterhalten, sie vermitteln Informationen, sie geben Informationen Sinn und sie bringen Gefühl.

Für die Werbung macht die Nutzung von Geschichten durchaus Sinn. Die Mediennutzer wehren sich zunehmen gegen Beeinflussung, indem sie Werbebotschaften schlichtweg ignorieren. Geschichten geben nun eine neue Chance, sozusagen im unschuldigen Gewand, die Aufmerksamkeit der Nutzer der sozialen Netzwerke zu erlangen und dann die eigene Werbebotschaft zu platzieren.

In sozialen Netzwerken bekommt das Geschichtenerzählen noch eine neue Dimension. Früher wurden die Geschichten einfach nur von Person zu Person erzählt. Dann kam der Buchdruck und die Geschichten wurden einem größeren Publikum zugänglich. Dank den Social Media kann nun jeder eine Geschichte nicht nur lesen, sondern auch sehen. Die Geschichten bekommen also eine visuelle Dimension. Anstatt eines langweiligen Textes, kann ein Autor jetzt Power-Point, Animationen oder Filme für seine Erzählungen nutzen.

Um nun in all den Möglichkeiten nicht den Überblick zu verlieren, sollte jeder, der in den Social Media eine Geschichte erzählen will, sich zuerst gut vorbereiten. Die sozialen Netzwerke lassen das Sharing so schnell zu, dass es unmöglich ist, eine einmal erzählte Geschichte wieder verschwinden zu lassen. Man muss also von Anfang an alles richtig machen.

Für das Erstellen einer Geschichte ist es wichtig, dass man zuerst weiß, was man erreichen will. Was soll das Publikum von der Geschichte mitnehmen, was soll es tun oder was soll es lassen. Wenn man das Ziel genau kennt, dann kann man darauf hinarbeiten.

Hat man sich das Ziel überlegt, dann muss man sich mit einer Geschichte darauf zubewegen. Am Ende steht das eigene Produkt oder der eigene Service als die Lösung. Davor muss das Unglück stehen. Hier steht das eigene Produkt oder der eigene Service nicht zur Verfügung, was Probleme schafft. Der Ausgangspunkt ist dann am Ende festzulegen. Das kann alles sein, was die Entwicklung in die Phase des Unglücks zulässt.

Hat man die Story, dann muss man entscheiden, wen man erreichen will. Je nach dem gewünschten Publikum gestaltet man die Hauptfigur. Will man vor allem junge Menschen erreichen, dann sollten auch junge Menschen die Hauptfiguren der Geschichte sein. Will man Mütter erreichen, dann handeln eben Mütter in der eigenen Story. Das schafft die nötige Betroffenheit. Es muss jemand sein, mit dem sich das Publikum identifizieren kann. Ist auch das geschafft, dann geht es um die Form.

Wie will man die Geschichte transportieren. Sollen es nur Posts sein, bringt man ein Video oder eine Animation dazu? Das hängt alles davon ab, wie das Ziel, das Produkt und der Service beschaffen ist. Texte sind relative einfach erstellt, doch sie gelten oft als langweilig. Viele Nutzer, vor allem von sozialen Netzwerken, machen sich nicht mehr die Mühe, noch viel zu lesen. Sie wollen die Story erzählt bekommen. Hier hilft ein kleiner Film. Dabei sollte die Qualität gut genug sein, um zu überzeugen. Andererseits sollte die Qualität nicht zu hoch sein. Das Publikum möchte nicht zu lange warten, bis das Video geladen ist. Dann klickt es nämlich einfach weiter auf die nächste Seite.

Ein gutes Beispiel ist die Facebook Seite eines Unternehmens. Dort kann man ein Video des Unternehmensgründers ganz oben in der Timeline festpinnen, so dass jeder es sofort sehen kann. Das Video sollte lebendig und interessant sein. Darin beschreibt der Unternehmensgründer seine Erfahrungen in einer Welt, in der es sein Produkt oder seinen Service noch nicht gab. Er beschreibt die Probleme, mindestens drei davon, die er hatte, weil ihm das Produkt oder der Service nicht zur Verfügung stand. Dann macht er sich zum Helden als der Anbieter des Produktes/Services und erklärt, warum das Leben damit nun sehr viel einfacher ist.

Hier erhält das Unternehmen seine eigene Story. Der Unternehmensgründer wird zum Helden. Das Unternehmen als solches hebt sich von der Masse ab. Die Geschichte überzeugt und das Produkt oder der Service wird verkauft.

Ein anderer Weg ist ein offener Roman. Hier erlaubt man anderen Facebook Nutzern, die Story selbst zu schreiben. Man beginnt mit einem ersten Post und der Aufforderung, die Geschichte fortzusetzen. Damit das Ganze auch in die richtige Richtung geht, kann man sich für eines von zwei Dingen entscheiden.

Zum ersten kann man dem Publikum freie Hand geben und einfach manchmal eingreifen. Die eigenen Mitarbeiter können mit einzelnen Posts in der Geschichte dieser die gewünschte Richtung verleihen. Wenn man das nicht offen macht, also die Mitarbeiter sich nicht als Mitarbeiter des eigenen Unternehmens zu erkennen geben, dann muss man jedoch vorsichtig sein. Wird man entlarvt, entdecken also andere Nutzer, dass man die eigene Story immer mal wieder selbst aufpeppt und das zu verbergen sucht, verbreiten sich schnell böse Gerüchte.

Der andere Weg ist, dem Publikum eine kleine Richtung vorzugeben und diese mit einem Gewinnausschreiben zu verbinden. Die Nutzer, die an der Geschichte arbeiten, können dann etwas Gewinnen, vorausgesetzt, sie folgen der generell gewünschten Richtung.

Ein anderer Weg ist natürlich der eigene Block. Der Vorteil ist, dass man hier die totale Kontrolle hat. Was man nicht mag, das kann man löschen. Gleichzeitig lässt ein eigener Blog eine unbegrenzte Gestaltung zu. Posts in Facebook werden nicht gelesen, wenn sie zu lang sind. Twitter lässt noch nicht einmal lange Posts zu. Ein eigener Blog jedoch erlaubt alles, was man möchte.

Wenn man sich zu einem eigenen Blog entscheidet, dann gilt das ganz oder gar nicht Prinzip. Entweder man betreibt den Block ganz, d.h., richtig oder man lässt es bleiben. Ein Blog, der nicht kontinuierlich gepflegt wird, schadet dem eigenen Unternehmen nur. Niemand wird einem Vertrauen schenken, wenn nur Jahre alter Content auf der eigenen Seite steht.

Das gute an einer Geschichte ist, dass sie die Präsentation von Informationen häppchenweise zulässt. Das erleichtert die Pflege des Blogs. Man muss nur die Geschichte fortsetzen, zum Beispiel einmal die Woche, und man hat neuen Content.

Auch beim eigenen Blog gilt, dass man neben dem bloßen Text noch andere Formate zur Verfügung hat. PowerPoint, Videos und Animationen lohnen sich. Sie binden das Interesse des Kunden und machen die Vermittlung der Informationen leichter. Sie sind jedoch bei der Erstellung aufwendiger.

Das größte Problem bei solchen Blogs ist nicht das Storytelling selbst, sondern das finden neuer Ideen. Was immer gut ist, das sind Geschichten über die Vorteile, die das eigene Produkt oder der eigene Service dem Kunden bringt. Auch gut sind Geschichten über das Unternehmen selbst. Man erklärt, was das eigene Unternehmen so tut, was es ist und wie es zu der Idee für das Unternehmen kam.

Herausforderungen, Hürden sowohl für den Kunden als auch für das Unternehmen sowie deren Bewältigung sind ebenfalls immer gut für eine Geschichte. Spannende Personen, z.B., Berühmtheiten oder ganz einfach Personen, die einen richtig beeindruckt haben, lassen sich ebenfalls gut verarbeiten. Ansonsten sind lustige Geschichten aus dem Büro ebenfalls immer etwas, was das Publikum mag.

Bewaffnet mit dem Ziel der Story, einer guten Idee, einigen Charakteren und womöglich noch einer optischen Aufbesserung, kann es nun an das Erstellen einer Geschichte für die sozialen Netzwerke gehen.

König Kunde

Der Kunde ist König. Das ist eine Aussage, die man immer wieder hört. Sie wird oft missverstanden und ebenso oft kritisch hinterfragt. Was hat das alles mit der Geschichte zu tun? Wir werden das bald sehen.

Ist der König Kunde oder nicht? Viele, vor allem im Verkauf, wollen sagen: „Nein!" Andere, selbst Kunden, pflichten ihnen bei. Wieder andere sagen aus voller Überzeugung „Ja!"

Als erstes muss man die Aussage, der Kunde ist König, verstehen. Die Vorstellung meint, der König ist ein Herrscher ohne Grenzen und alle haben ihm zu folgen. Das ist jedoch falsch. Oft genug wollten Könige gar nicht wirklich herrschen oder waren den Anforderung an diesen Job einfach nicht gewachsen. Jemand anderes, ein Minister oder der Kanzler, ein General oder wer auch immer, musste den Job übernehmen. Dabei sollte er dezent vorgehen und es nicht offensichtlich werden lassen.

Das Gleiche kann man auch vom Kunden sagen. Der Kunde braucht Führung. Er kennt weder das gesamte Angebot noch die Einzelheiten, die sich so oft bei größeren Produkten oder umfangreichen Serviceangeboten finden lassen. Die Aufgabe des Anbieters ist es nun, den Kunden so dezent wie möglich zu beraten. Man sollte ihn informieren, aber nicht bedrängen. Wie bei einem König. Der Berater des Königs konnte nichts verlangen, wohl aber Einfluss mittels Ratschlägen ausüben. In der Praxis heißt das, die Kundenwünsche so zu erfüllen, dass es für den Kunden am besten ist.

Warum ist das so? Was kann ein Abteilungsleiter tun? Er kann seine Mitarbeiter antreiben. Er kann sie vielleicht sogar in Einzelfällen feuern. Was kann ein Kunde tun? Er kann alle feuern. Wie? Er kauft einfach bei der Konkurrenz. Das gibt dem Kunden Macht. Man muss dem Kunden dienen. Das bedeutet nicht unnützes, unterwürfiges Getue. Es bedeutet, den Kunden ernst zu nehmen. Geht man auf die Bedürfnisse des Kunden ein, dann kommt er gern zurück und gibt erneut Geld im eigenen Laden aus. Also ja, der Kunde hat Macht und ist damit der König. Nein, der Kunde ist nicht allwissend. Man muss ihn also beraten, ohne ihn herumzukommandieren, und ihn leiten. Das Ziel ist nicht die Erfüllung der eigenen Wünsche, sondern der des Kunden. Das ist es, was ihn zum König macht.

Was hat das mit der Geschichte zu tun? Die Antwort ist dreierlei! Erstens bedeutet das, dass man es dem Kunden recht machen sollte. Der Kunde ist ein Mensch. Als solcher agiert er, wie es Menschen schon seit tausenden von Jahren machen. Das bedeutet auch, er braucht Geschichten. Diese wecken in ihn das Begehren, denn sie vermitteln das Wissen über das Angebot des Unternehmens gepaart mit Gefühlen. Außerdem schafft sie die Kommunikation, die das Unternehmen immer wieder in sein Bewusstsein drückt.

In anderen Worten, die Geschichte ist wichtig, weil der Kunde sie braucht. Er entwickelt damit das Wissen über das Angebot und den Willen zum Kauf.

Zum zweiten bedeutet das, dass die Geschichte sich am Kunden orientieren muss. Man muss wissen, wem man etwas verkaufen will. Darauf aufbauend, kreiert man die Geschichte so, dass sie dem Kunden nützt. Die Geschichte ist kein Selbstzweck. Sie dient dem Kunden. Dementsprechend muss man sie aufbauen.

Zum dritten kann dieser Umstand Bestandteil der Geschichte werden. Die Kundenbedürfnisse sind wichtig. Diese sollte man kennen und in die Geschichte einbauen. Man sollte aber auch Geschichten darüber schaffen, wie sich das Unternehmen um den Kunden sorgt und bemüht. Damit erreicht man auch noch eine gesteigerte Aufmerksamkeit und baut eine gewisse Beziehung, die weitere Verkäufe ermöglichen.

Die gesamte Ausrichtung des Unternehmens geht auf den Kunden. Das sollte man hervorkehren und entsprechend handeln.

Die Bedeutung einer Story für eine Marke

Marken haben es heutzutage immer schwerer. Sie machen einander Konkurrenz. Schlimmer noch, sie bekommen Billigkonkurrenz. Letztere arbeitet oft mit Plagiaten und können damit natürlich die Preise der echten Marken tüchtig unterbieten.

Auch ohne Billigkonkurrenz wird das Leben schwerer. Die Produkte werden immer gleicher. Verschiedene Marken bieten gleichwertige Produkte in einem fast gleichen Look mit den gleichen Eigenschaften an. Der Kunde hat oftmals nicht mehr die Qual der Wahl zwischen verschiedenen Produkten, sondern den gleichen Produkten von verschiedenen Herstellen. Wie aber will man den Kunden dann noch zu sich holen und am besten noch binden?

Eine Antwort wäre der Preis. Doch wie schon am Anfang gesagt, Bestechung macht illoyal und der Kunde rennt dann zur billigen Konkurrenz. Damit nicht genug, billiger geht kaum noch. Wer in westlichen Länder produziert, wird kaum asiatische Anbieter unterbieten. Natürlich könnte man da jetzt die Qualität anführen, doch auch große Unternehmen tun sich damit mitunter schwer. Selbst aber wenn die Qualität gegeben ist, muss der Kunde sie erst sehen. Wie aber will er sie sehen, wenn er immer zum Billiganbieter rennt?

Für eine Marke wird es also immer schwieriger, sich mit ihrem Angebot hervorzutun. Dann bleibt da nur noch das Gefühl. Eine Marke muss dem Kunden ein Gefühl vermitteln. Eine Beziehung soll sich entwickeln und der Nutzer sich als Botschafter der Marke empfinden.

Die Fans von Coca-Cola und die Fans von Pepsi werden das schon verstehen.

Das klassische Marketing mit aufdringlichen Reklameschildern, Lichtern und nervigen Werbespots verfängt kaum noch. Das bleibt als Mittel als nutzlos. Außerdem gestattet es nicht, eine Identität aufzubauen. Die Identität aber ist es, die dem Kunden ein gewisses Gefühl vermittelt und ihn zum Botschafter dieser Marke werden lässt.

Eine Geschichte ist hier ein besonders wirkungsvolles Mittel. Werbung erlaubt nur das Ausstreuen von sehr kurzen Botschaften. Geschichten erlauben das Spiel mit den Gedanken und besonders den Gefühlen. Es geht dabei nicht um die Informationsdichte, sondern um die emotionale Bindung, die eine Geschichte hervorbringt. Menschen haben das über die Jahrtausende bereits erlebt. Wer mit einer glaubwürdigen Geschichte überzeugt, der bekommt Anhänger. So steht es auch mit einer Geschichte.

Eine Geschichte eignet sich somit, die eigene Marke in das Bewusstsein des Kunden zu bringen. Das ist aber noch nicht genug. Kein Kunde wird eine Marke kaufen, nur weil er einmal davon gehört hat. Stattdessen muss er mehr über die Marke erfahren und vor allem muss sie wiederholt in sein Bewusstsein dringen. Eine Werbebotschaft kann man ständig wiederholen. Gelingt das auch mit der Geschichte?

Die Geschichte selbst sollte man nicht zu oft wiederkäuen. Je öfter man sie hört, desto mehr verliert sie an Reiz. Während man die Geschichte also nicht endlos wiederholen kann, kann man dies jedoch mit der Botschaft tun. Man muss sie nur in eine neue, ähnliche Geschichte packen. Damit schlägt man gleich zwei Fliegen mit einer

Klappe. Man dringt erneut mit der eigenen Botschaft in den Kopf des Kunden und man erhält eine neue Geschichte. Da die Geschichte neu ist, ist sie wieder interessant.

Menschen lieben Verlässlichkeit. Wird nun die Botschaft in immer neuen Geschichten wiederholt, dann sind sie glücklich. Durch die Wiederholung bauen sie eine Verbindung zur Marke auf, bis sie sich damit identifizieren. Große Marken sind genau damit erfolgreich, indem sie die gleiche Story in immer neue Gewänder kleiden.

Das nächste, wunderbare an der Geschichte ist, dass sie nicht als Werbung direkt auffällt. Kunden rennen vor der Werbung weg, doch sie lieben Geschichte. Anstatt also Abneigung, erntet man Interesse.

Hat man das Interesse geweckt und eine Beziehung aufgebaut, dann kann man das noch weiter steigern. Dank der sozialen Netzwerke können sich die Nutzer dort über die Geschichten austauschen. Besonders wenn diese richtig gelungen sind, bringt dieser Austausch eine neue Qualität der Kundenbindung hervor. Es entwickelt sich ein regelrechter Kult. Die Anhänger der Marke kennen einander, denn sie finden sich in den Social Media und diskutieren die Marke immer mehr. Sie bestärken einander und erreichen bald einen Punkt, an dem die Konkurrenz bloß deswegen abgelehnt wird, weil es nicht die eigene Marke ist.

Solche loyalen Kunden sind gern bereit, mehr zu bezahlen. Als Botschafter der eigenen Marke verleihen sie dieser eine gewisse Größe, denn sie machen Werbung für sie und verteidigen sie. Als Dritte, also nicht als Angehörige dieser Marke, sind sie dabei auch noch besonders glaubwürdig. Sie werden auch nicht für ihre Arbeit als Botschafter bezahlt. Ihre Werbung ist damit kostenlos. So bekommt das Unternehmen eine treue Gefolgschaft, die die eigene Botschaft kostenlos und glaubwürdig an den Mann oder an die Frau bringt. Das ist dann ein echter Erfolg.

Selbst der Kult kann noch gesteigert werden. Ist der Kult erstmal entstanden und hat sich eine Community von freien Botschaftern der Marke entwickelt, dann beginnen sie zusammen, die Marke und die Anhänger, eine eigene Geschichte zu werden. Diese Geschichte kann immer wieder wiederholt werden und setzt sich so in immer mehr Kunden fest.

Es ist ein elementares Verlangen von Menschen, dazuzugehören. Hat sich über die Geschichte und über die Zeit ein solcher Kult für eine Marke gebildet, dann werden immer mehr auf diesen Kult aufspringen, nur um dazuzugehören. Das schließt natürlich auch den Kauf der Produkte der Marke mit ein. Den Anhängern macht es dann über die Zeit immer weniger aus, dass ihre Marke vielleicht teurer als die Konkurrenz ist.

Die Frage ist nun, wie kann eine Marke mit einer Geschichte einen solchen Kult aufbauen. Dazu braucht die Marke eine Kerngeschichte. Diese Geschichte kann dann später in verschiedenen Varianten neu erzählt werden.

Die Kerngeschichte muss natürlich die eigene Marke zum Thema haben. Sie muss die Antwort darauf bieten, was ist diese Marke und warum sollte man sich für sie entscheiden. Die Geschichte muss dabei umfassend sein und alles, vom Produkt über den Gründer, vom Verkäufer über den geschäftsführenden Direktor, enthalten. Sie muss das gesamte Unternehmen darstellen. Dazu kommt die Kultur des Unternehmens, seine Kommunikation und Organisation. Das Unternehmen muss für etwas einstehen und die Geschichte muss dieses Etwas dem Kunden vermitteln.

Mit einer solchen Kerngeschichte erreicht man, was man im Marketing allgemein als Branding bezeichnet. Man gibt der Marke einen Grund zu Existieren und positioniert sie, um sie von der Konkurrenz abzuheben.

Gute Themen für eine Marke sind alle Geschichten, die sich um die Gründung und die Philosophie des Unternehmens drehen. Diese kann man immer wieder in neuer Weise schreiben und unter die Leute bringen. Andere Geschichten können sich darum drehen, was fehlen würde, gäbe es die eigene Marke nicht.

Was sich gut für Social Media eignet, das sind Geschichten der Mitarbeiter und der Kunden. Diese kann man in Form von Wettbewerben erhalten. Die Kunden und Mitarbeiter gleichermaßen sind motiviert, ihre eigenen Geschichten zu schreiben und diese sind weit glaubwürdiger als die, die das Unternehmen selbst herausbringt.

Krisen und Erfolge des Unternehmens sind ebenfalls ein guter Stoff für Geschichten. Damit hat man die Helden, das Unglück und am Ende das Glück. Der ideale Bestandteil einer jeden Story. Lebensgefühle, Handlungsmuster und Rituale des Unternehmens lassen sich auch gut verarbeiten. Sie erzeugen eine Nähe, die gerade für einen Kultaufbau wichtig sind.

Ein Rückblick auf das Unternehmen, die Zukunftsaussichten und die Orte, an denen es tätig sind, bilden weitere gute Themen für Geschichten. Man sollte sich für eine Geschichte immer nur auf eines oder einige wenige dieser Themen konzentrieren. Dann hat man immer genug Stoff für neue Geschichten und man überlädt den Kunden nicht. Eine gute Geschichte gibt die Informationen gezielt und häppchenweise und stopft den Kunden nicht damit voll.

Besonders die täglichen Themen bilden die Grundlage für die Kerngeschichte und lassen sich jeden Tag, jede Woche und jeden Monat neu bringen. Damit erhält man den eigenen Blog oder das eigene Forum am Leben und hat auch ständig neue Posts auf Facebook.

Die Geschichten müssen nicht nur glaubwürdig, sondern auch wirklich wahr sein. Die Geschichte selbst kann zwar erfunden sein, dennoch sollte ihr Kern der Wahrheit entsprechen. Ein kleines Beispiel hilft hier. Es bringt nichts, eine Reihe von Geschichten über die Erlebnisse des Kundendienstes zu schreiben und diesen in ein gutes Licht zu rücken, wenn der Kundendienst in Wahrheit katastrophal ist. Rückt man den Kundendienst in ein gutes Licht, dann muss er auch gut sein, selbst wenn die eigentliche Geschichte nur erfunden ist.

Man muss den Anforderungen der eigenen Geschichte, den Gefühlen und den Aussagen einfach gerecht werden. Wichtig ist auch, die Mitarbeiter selbst positiv einzubauen. Dadurch fühlen sie sich respektiert, sind motiviert und liefern ihre eigenen Geschichten.

Inhalte der Kerngeschichte sollten in mehrfacher Weise aufgearbeitet werden. Neben dem klassischen Text sollten auch

Geschichte als Filme oder als Animation bzw. als PowerPoint-Präsentation erzählt werden. Damit nicht genug. Herausragende Personen des Unternehmens sollten ebenfalls zu Wort kommen. Interviews helfen dabei enorm. Dies betrifft besonders die Führungsetage, denn diese formen das Unternehmen mit ihren Entscheidungen. Sie sollten nicht unnahbar und entrückt sein. Menschen wollen Nähe und Fürsorge. Daher sollten die Manager selbst ihre Geschichte im Unternehmen und die Geschichte des Unternehmens in solchen Interviews erzählen. Ein guter Interviewer kann dem Ganzen noch einen Narrativen Touch geben.

Die Marke muss eine Unternehmensstrategie haben. Diese Strategie muss sich in dem Handeln des Unternehmens und in dessen Kerngeschichte wiederfinden. Durch diese Verbindung wird das Unternehmen erlebbar und die Geschichte ein Erfolg.

Folgt man diesen Punkten, dann kann die Story ein erfolgreiches Mittel für den Erfolg des eigenen Unternehmens darstellen. Die Wirkung kann von einem einfachen Marketing über ein Branding bis hin zum Kulting, dem Aufbau eines Kultes, reichen. Es hängt nur am Unternehmen selbst.

Storytelling Tools

Storytelling kann alles umfassen, vom Text bis hin zum interaktiven Film. Für den Bereich Marketing ist es besonders wichtig, die Story auch optisch attraktiv zu gestalten. Nicht jedem liegt es, sich in ein Buch zu vertiefen und mit den Worten Bilder im eigenen Kopf entstehen zu lassen. Um diese Kunden zu erreichen, muss man sich etwas Anderes einfallen lassen. Gerade dem Anfänger macht das am Anfang ein wenig Angst. Es ist schon schlimm genug, wenn der Chef einem den Auftrag gibt, einfach mal eine Geschichte zu schreiben. Es wird noch schlimmer, wenn man dann noch den Zusatz erhält, dass es eine animierte Präsentation sein soll. Was macht man da?

Das erste ist wie immer: nicht verzagen. Es gibt eine Lösung. Die Entwicklung im Storytelling ist unaufhaltsam und allumfassend. Das brachte eine Reihe von Tools hervor, die unglaubliches bei der Erstellung von Geschichten leisten können und glücklicherweise noch dazu kostenlos sind. Viele davon sind interaktiv, so dass der Zuschauer selbst die Story und deren Erzählung beeinflussen kann. Einige der Tools sind inzwischen so gut, dass sie eine Geschichte praktisch allein erzählen können.

Das erste dieser Tools ist Storify. Wurde dieses Tool zum Kuratieren von Stories entwickelt, so dient es nun dazu, ganze Stories zu erzählen. Ähnlich anderer Tools zum Kreieren von Animationen oder Filmen, so bietet auch Storify einfach eine Abfolge von Blocks, in die man seine Inhalte setzen kann. Denn Rest erledigt das Tool.

Das Ergebnis kann sich sehen lassen. Storify ist kostenlos, selbst dann wenn man es für sein Unternehmen nutzt. Es wird aber auch in einer kostenpflichtigen Version für Unternehmen angeboten. Diese bietet mehr Inhalte und Möglichkeiten für das Geld.

Storyful ist ein anderes nützliches Tool. Ähnlich Sotirfy bietet es die einzelnen Blocks, in die man per Drag and Drop seine Inhalte platzieren kann. Texte, Links und Posts können ebenfalls eingefügt werden. Auch dieses Tool ist kostenlos.

Pageflow ist ein multimediales Tool, was eigentlich kostenlos ist, was aber nicht zutrifft. Hier können verschiedene Inhalte zusammengefasst, aufgepeppt und vorgeführt werden. Eigentlich ist es kostenlos, weil der Programmiercode freigegeben wurde. Damit kann jeder das Tool nutzen und, mit den entsprechenden Kenntnissen, weiterentwickeln. Hat man diese Kenntnisse aber nicht, dann kann man es nur nutzen, wenn man diverse, auch kostenpflichtige, Accounts eröffnet. Um dies zu ändern, muss man eine Menge Zeit investieren, jede Menge IT-Kenntnisse aufweisen und die entsprechende Hardware mitbringen.

Storyteller ist ein anderes Tool, das sich als Gegensatz zu Pageflow versteht. Storyteller bietet viel von dem, was man in Pageflow findet. Das beinhaltet auch eine Open Source Code. Es baut aber auf WordPress auf und ist damit weniger aufwendig und man braucht keine Abonnements. So wie WordPress selbst, so kann man Storyteller auf der eigenen Webseite eingesetzt werden. Das macht es natürlich sehr attraktiv.

Neben diesen, hier beispielhaft angeführten, Tools gibt es noch eine unüberschaubare Anzahl anderer Tools. Viele verfügen über gleiche Optionen und unterscheiden sich nur in winzigen Details. Diese fallen für eine normale Nutzung jedoch kaum in Betracht und können vernachlässigt werden.

Der Vorteile der meisten Tools ist, dass sie auf eine leichte Nutzung ausgelegt sind. Man kann einfach seine Blocks entwerfen und zu Vorführungen zusammenstellen. Das ist kinderleicht und kann selbst ohne Programmier- oder PowerPoint-Kenntnisse von jedem in Eigenregie erlernt werden. Das ist aber auch gleichzeitig der größte Nachteil. Da die meisten Tools einfach nur kostenlos sind, gibt es kaum einen Support. Anstatt also mit ordentlichen Erklärungen, Vorschauen und ähnlichen aufzuwarten, geht das meiste nur mit Trial und Error. Für den eingefleischten Computernutzer mag das OK sein, für den Marketingabsolventen, dessen Computerkenntnisse zwar vorhanden, doch nur zweitrangig sind, mag das schon anders aussehen. Dieser sieht sich einer Flut von Tools gegenüber, ohne so richtig zu wissen, woran er mit dem einzelnen Tool ist. Hier hilft nur, sich durch einige der Tools durchzuklicken und selbst herauszufinden, worauf es einem ankommt und wie das Tool funktioniert.

Die meisten dieser Tools gestatten die Nutzung für die eigene Seite. Was aber die Verwendung in Social Media anbelangt, sieht das schon etwas anders aus. Das ist aber auch nur natürlich, denn die meisten dieser Tools sind eben self made und gewisse soziale Medien stehen dem skeptisch gegenüber.

Auch die Benutzerfreundlichkeit ist manchmal verbesserungs-würdig, denn die Tools wurden ganz einfach nicht langwierig mit Alpha- und Beta-Tests entwickelt.

All diese negativen Punkte werden sich aber mit Sicherheit über die Zeit schnell ändern. Das Storytelling steht noch am Anfang. Mit zunehmender Komplexität werden auch die Tools wachsen und ihre Schwachpunkte ausbessern. Sie bieten jedoch heute schonen einen Ansatz, dessen weitere Entwicklung sich einfach lohnt. Geben wir ihnen also ein wenig Zeit.

Ein paar kleine Tipps

Stories wollen nicht nur erzählt sein, sie wollen auch wahrgenommen werden. Hier ist es wichtig, dem Leser oder Zuschauer ein komplettes Bild zu geben. Dabei trifft man grundsätzlich auf zwei Probleme. Das erste Problem ist, dass ein Buch viel über das innere einer Figur aussagen kann, aber Schwierigkeiten haben wird, eine Situation vollständig darzustellen. In einem Film ist es genau umgekehrt. Die Bilder vermitteln die Situation, doch sie gestatten kaum, einen Blick in das Innere der Figuren zu werfen. Um erfolgreich zu sein, muss man jedoch beides auf den Leser bzw. den Zuschauer wirken lassen.

Wie so oft macht die Übung den Meister. Wenn man einen Film machen will, kann man mit seinen Schauspielern, so es nicht gerade Profis sind, erstmal die Szenen üben. Wichtig ist, dass die Schauspieler Emotionen zeigen, ohne es zu übertreiben oder zu untertreiben. Am besten filmt man das Ganze, um dann gemeinsam, Regisseur und Schauspieler, zu besprechen, wie man die Szenen besser spielen kann.

Sehr oft untertreiben Anfänger die Beschreibungen, wenn sie ihre erste Geschichte schreiben. Die Folge ist, dass das, was eine Geschichte sein soll, sich oft wie eine Zusammenfassung einer Geschichte liest. Schreibt man eine Geschichte, dann kann man die Zeit und Beschreibung entsprechend der Situation ausdehnen und wieder komprimieren. Unwichtige Szenen werden übersprungen oder nur kurz zusammengefasst, wichtige Szenen jedoch werden richtig beschrieben. Wichtige Szenen sind die, die auf das Ende der

Geschichte hinarbeiten. Unwichtige Szenen sind die, die mit der Story in Wahrheit nichts zu tun haben. Hier ein kleines Beispiel: Die Handlung beschreibt ein Mädchen, dessen Eltern gestorben sind und es muss sich allein durchs Leben schlagen. Der Fokus ist auf dem Mädchen. Der Tod der Eltern ist als Fakt wichtig und sollte benannt werden, doch die Art des Todes ist unwichtig, daher sollte auf eine genaue Beschreibung des Todes verzichtet werden.

Will man eine Story schreiben, dann sollte man zuerst üben, etwas zu beschreiben. Man kann sich einfach nur eine kleine Szene aussuchen und dann versuchen, eine bestimmte Anzahl an Wörtern oder Seiten zu erreichen. Eine gute Übung wäre die Beschreibung eines x-beliebigen Sonnenaufganges auf 5 Seiten. Eine andere Übung ist es, eine Person zu beschreiben, die ein Restaurant betritt, und den Weg vom Eingang zum Platz auf 2 Seiten beschreiben. Dazu gehören die Gedanken der Person, die Szenerie und die Handlung der anderen Personen im Restaurant.

Soll eine Story erfolgreich sein, dann muss sie dem eigentlichen Ziel folgen. Szenen, die nicht dem Ziel dienen, sind zu vermeiden. Während, wie gesagt, Beschreibungen wichtig sind, sollten sie aber nicht zu lang werden. Wenn zum Beispiel eine Diskussion zwischen drei Personen am See stattfindet, dann braucht man nicht unbedingt das Feld im Hintergrund zu beschreiben. Dennoch sollte man es als Übung mal gemacht haben, denn viele Anfänger neigen dazu, einfach zu wenig zu beschreiben. Darum versucht man es am besten zuerst mit einem zu viel und reduziert es dann in der eigentlichen Story auf das richtige Maß. Es ist immer besser und einfacher, zu reduzieren, als zu erweitern.

Am besten geht man sicher, dass man nur die richtigen Szenen beschreibt, indem man zuerst einen Plan für die Story macht. Man entscheidet darüber, wann, wo und wie die Geschichte spielen soll. Mit welchem Glück oder Unglück soll sie beginnen, welches Unglück soll folgen und wie soll am Ende das Glück aussehen. Am besten macht man sich so eine Abfolge von Szenen und die Charaktere, die darin vorkommen. Hat man diese erstellt, denn erfolgt ein Check. Hat man wichtige Informationen vergessen. Braucht man Szenen, um noch mehr Informationen zu geben. Hat man vielleicht auch zu viel geplant. Lassen sich Szenen streichen, ohne dass deren Fehlen auffallen würde? Wenn ja, dann weg mit diesen Szenen. Sind Szenen vielleicht auch zu lang, um noch sinnvoll zu sein? Wenn ja, dann kürze man sie einfach. Ist der rote Faden erstellt, dann kann man mit den Beschreibungen der Szenen beginnen.

Will man eine Story einfach mal schreiben, dann braucht man eben etwas Interessantes. Grundsätzlich immer Interessant sind neue Dinge. Das kommt vor allem in der Werbung gut, in der die Geschichte das neue Produkt beschreiben kann. Man vergesse dabei nur nicht das Gefühl und die Alltagstauglichkeit der Erzählung.

Ebenfalls interessant sind Tabus. Man sollte aber nicht zu sehr ins Exzentrische abgleiten. Wenn man den Werdegang von Autoren verfolgt, dann entdeckt man oft einen gleichen Weg. Erst brechen die Autoren mit Tabus und werden erfolgreich. Dann übertreiben sie es und sehen nur noch verbittert aus. Kleine Tabubrüche sind ok und sogar vorteilhaft, wie der Blick durchs Schlüsselloch, große Tabubrüche, wie der Sex auf der Kreuzung, sind jedoch zu viel und sollten vermieden werden.

Ein anderes, elementares Interesse des Menschen ist das Dazugehören. Wenn jemand in einem Job gefeuert wird, dann trifft es ihn oftmals sogar mehr, dass er aus einer Gruppe ausgestoßen wurde, denn dass er sein Geld nicht mehr bekommt. Dieses Interesse am Dazugehören sollte man ebenso für eine gute Story nutzen.

Das wichtigste Element, das man für das Interesse nutzen kann, ist Gefahr. Das aktiviert das Angstzentrum und bringt die Botschaft mit Sicherheit in das Bewusstsein. Richtig gute Stories nutzen jedoch nicht nur eines, sondern mehrere der hier beschriebenen 4 Dinge, die Interesse wecken.

E-Mailmarketing ist ein weiteres, sehr nützliches Marketing-Tool. Storytelling lässt sich gut mit diesem Tool verbinden. Jeden Tag gibt es eine neue E-Mail mit einem neuen Teil der Geschichte. So hält man die Abonnenten des Newsletters bei Laune. Sie werden bei einer guten Geschichte den Newsletter bestimmt nicht abschalten.

Die üblichen Fehler

Wie immer, wer sich in einer neuen Disziplin versucht, macht oftmals Fehler. Dabei hört sich das Geschichtenerzählen doch so einfach an. Damit man nicht immer wieder die Fehler der anderen wiederholt, sollte man diese kennen und sich daran orientieren, um dies Fehler für die eigene Geschichte zu vermeiden.

Der erste Fehler ist es, den Leser der Story mit Informationen zu überfrachten. Weniger ist oft mehr, das ist bei einer Geschichte mehr denn je der Fall. Der Leser braucht Informationen über die Vorgänge in der Geschichte, um diese zu verstehen. Man kann ihn jetzt nicht mit Informationen über das Produkt überfrachten. Am besten konzentriert man sich auf die Story und baut das Produkt zwar ein, erklärt es aber nicht übermäßig. Man konzentriert sich einfach auf das Produkt und wie dieses das Problem löste. Wer eine komplette Präsentation über das Produkt will, kann sich danach immer noch damit befassen.

Der zweite Fehler ist, eine gute Story mit der richtigen Portion Emotionen zu schreiben. In diese wird noch das eigene Produkt eingebaut und alles ist erste Sahne. Dennoch erreicht das Produkt den Leser nicht. Warum? Die Emotion überträgt sich nicht auf das Produkt. Das ist immer dann der Fall, wenn das Produkt nichts zur Lösung des Problems beiträgt. Will man also das Produkt verkaufen, dann muss er der Held der Geschichte sein und die Probleme lösen.

Ein weiterer, gern gemachter Fehler ist, die Emotionen überhaupt nicht aufkommen zu lassen. Stories und Emotionen brauchen

Zeit. Man sollte sie langsam erzählen. Darum sollte man nicht zu viele Ereignisse einbauen. Viele Ereignisse wirken nur gehetzt und das Resultat klingt dann mehr wie eine Zusammenfassung der Geschichte, denn als eine Geschichte selbst. Jede gute Geschichte ist eine langsame Reise. Darum sollte man sich Zeit nehmen, die Szenen zu beschreiben. Hier sollte dem Leser ein komplettes Bild der Details, die diese Szene bestimmen, vermittelt werden. Man kann es sich einfach mal selbst in einem Film anschauen. Manchmal sind es die Kleinigkeiten in einer Szene, die diese besonders machen. Da aber eine Geschichte meist im Kopf abläuft, denn sie wird ja nur erzählt, muss dem Leser dieser wichtige Punkt auch nahegebracht werden. Man muss sie ihm also auch erzählen.

Geschichten sind oftmals für die breite Öffentlichkeit bestimmt. Dort will man auch Neukunden gewinnen. Diese aber haben einen oft unterschiedlichen Wissenstand. Wer hier auf Fachausdrücke setzt, der hat schon verloren. Er wird einfach nicht verstanden. Selbst für die, die dieses Fachchinesisch verstehen, hat eine solche Geschichte wenig Gutes. Geschichten überzeugen durch ihre Emotionen. Sie sind keine technische Beschreibung oder Bedienungsanleitung. Daher vermeide man zu viele technische Ausdrücke ganz einfach.

Die hohe Kunst im Storytelling ist, auch komplexe Themen einfach zu beschreiben. Am besten schreibt man so, wie sich Otto-Normalverbraucher ausdrücken. Die will man schließlich erreichen. Dann klappt es auch mit der Beziehung, die man mit der Story aufbauen will.

Ein weiter, oft gemachter Fehler, sind Angaben zum Produkt oder Service, die ungenau, irreführend oder schlicht falsch sind. Das

Storytelling dient dem Marketing. Damit soll es das Produkt vorstellen. Macht man hier falsche Angaben oder führt den Kunden in die Irre, dann bringt das nur Enttäuschung. Ein enttäuschter Kunde aber kann heutzutage seiner Enttäuschung im Internet Luft machen. Das ergibt die reinste Propaganda gegen das eigene Unternehmen. Darum sollte man in der Geschichte bei der Wahrheit bleiben und diese genau wiedergeben.

Storytelling ist auch das erzählen der Geschichte. Jeden Text, den man schreibt, kann man auch gesprochen an den Kunden bringen. Daher sollte man sich Geschichten überlegen, die man in einem kurzen Film vortragen kann. Die mündliche Kommunikation ist sehr wichtig.

Marketing ist oftmals sehr auf das Unternehmen bezogen. Das Unternehmen steht im Vordergrund. Während das nicht immer schlecht ist, sind Geschichten, die sich nur um das Unternehmen drehen, nicht unbedingt immer hilfreich. Gut ist es hier, den Kunden zum Helden zu machen. Der Kunde wird mit einem Problem konfrontiert. Mit Hilfe des Produktes des Unternehmens überwindet er das Problem. Damit ist er der Held und das Produkt mit ihm. So entsteht eine Beziehung zwischen dem Unternehmen und den Kunden.

Weiterhin sind Stories, die sich nur auf das Unternehmen beziehen, oftmals schwer zu schreiben. Eine Story braucht ein Problem und deren Überwindung. Welches Unternehmen will aber schon zugeben, dass es ein Problem hat? Hier hilft es, wenn man sich auf die Gründung des Unternehmens bezieht. Der Gründer des Unternehmens hatte ein Problem. Er fand eine Lösung und diese verkauft er nun als Produkt, damit auch andere ein ähnlich gelagertes Problem dank dem

Unternehmer lösen kann.

Eine andere Vorgehensweise ist das bekannte Problem. Gerät ein Unternehmen in Schwierigkeiten, dann werden diese im Allgemeinen auch bekannt. Da sie nun bekannt sind, kann man sie doch ganz einfach in der eigenen Geschichte verarbeiten. Da man sie dann überwindet, ist das Unternehmen wieder der Held. Es nutzt einfach nichts, ohnehin bereits bekannte Probleme verschweigen zu wollen. Es ist besser, sie und deren Lösung für die Zukunft gewinnbringend zu verwerten.

Ein sehr schwerer Fehler ist es, wenn man die eigene Geschichte nicht verbreitet. Dabei ist das so einfach. Man muss als Unternehmer, wenn man Marketing betreibt, auch das Marketing in seiner Wirkung beobachten. Dadurch lässt sich herausfinden, wo die Kunden über das eigene Unternehmen etwas erfahren haben. Diese Kanäle kann man wiederum nutzen, um die Geschichte zu verbreiten. Besser noch, diese Bewertung der Kanäle und deren Nutzung kann selbst wieder eine Grundlage für eine Geschichte bieten. So entwickelt man gleich wieder den Kunden als Helden. Er wird dankbar sein dafür.

Stories sind keine Einbahnstraßen. Es wäre ein Fehler, die heutigen Kommunikationsmittel nicht vollständig zu nutzen. Schon früher wurden Geschichten von Person zu Person erzählt. Der Zuhörer konnte eingreifen, Fragen stellen und Anmerkungen machen. Daraus entwickelte sich ein Dialog und die Geschichte wurde besser. Heute gibt es dafür die Kommentare, Shares, Likes und Posts. Hier können die Konsumenten der Geschichte ihre Meinung dazu zum Ausdruck geben. Es wäre falsch, ihnen diese Möglichkeit nicht zu geben oder nicht auf ihre Stimmen zu hören. Wie schon festgestellt, der Kunde ist König. Wenn der König spricht, dann muss man zumindest auch zuhören. Ob man den Anregungen folgt, dass kann man entscheiden, wenn man sie bedacht hat. Wenn man sie aber ignoriert, dann kann einem so manche gute Idee entgehen.

Insgesamt gesehen sollte man also beim Storytelling auch den Kunden einbinden oder zu Wort kommen lassen. Es gilt, ihn nicht mit Fakten und Daten zu überschütten, sondern ein emotionales Verhältnis aufzubauen.

Fazit

Storytelling ist die älteste Form, jemanden etwas zu erzählen. Geschichten sind informativ. Sie sind einfach zu verstehen. Man erinnert sich an sie sehr viel einfacher als an bloße Fakten. Es wäre schlichtweg falsch für das eigene Unternehmen, den Trend des Storytellings zu verschlafen.

Schon Jahrtausende vor unserer Zeit haben sich Menschen mittels Storys die Informationen geteilt. Alles, was man zum Leben und zum Überleben brauchte, wurde in einer Story verarbeitet. Anschließend wurde dies Story den Kindern erzählt, die dann die Erkenntnisse ihrer Eltern weiter nutzen konnte.

Das Gehirn hat sich an diese Form der Informationsweitergabe gewöhnt. Noch heute nutzen Eltern Geschichten, um ihren Kindern Wertvorstellungen zu vermitteln und ihnen ihre Erfahrungen weiterzugeben. Auch in der Schule beginnen Kinder damit, dass sie Geschichten lauschen. Dann aber, an irgendeinem Tag, hören die Geschichten auf. An ihre Stelle rücken kalte Zahlen und Fakten. Dass die Leute von heute aber noch immer mit dem Liebesroman zu Bett gehen oder dem Genuss von Hollywood-Filmen frönen, sagt etwas aus. Es sagt, dass wir noch immer Geschichten wollen. Das Unterbewusstsein sehnt sich regelrecht danach. Es ist der Hand näher als das Bewusstsein. Eine Information mit Gefühl landet direkt im Unterbewusstsein und löst dort einen Handlungsimpuls aus. Eine Information mit Fakten wird analysiert oder oft genug nur ignoriert.

Wer wirklich etwas beim Kunden erreichen will, muss in dessen Angstzentrum gelangen. Diese hat einen Wächter. Den kann man mit einer Story mit Gefühl überzeugen. Ist das gelungen, dann bringt man den Kunden dazu, die entsprechende Handlung auszuführen.

Um eine gute Geschichte zu erzählen, braucht man eine gute Story. Diese braucht ein Unglück. Nach Jahrtausenden der Enttäuschung hat sich das Gehirn einfach darauf eingestellt, dass die Welt schlecht ist. Daher überzeugt man das Unterbewusstsein am besten mit einer Story, die ein Unglück aufweist.

Alle Menschen sehnen sich danach, dass es ihnen einmal bessergeht. Daher muss das Ende Glück oder wenigstens die Möglichkeit von Glück bringen. Das Unglück, das zuvor aufkam, muss überwunden werden.

Weiterhin braucht eine glaubwürdige Story vor allem glaubwürdige Charaktere. Diese sollten fühlen und handeln wie normale Menschen. Dann fühlt sich das Gehirn wohl. Damit nicht genug. Sie sollten Eigenschaften aufweisen, mit denen sich das Publikum identifizieren kann. Dann fiebert es so richtig mit und bleibt die ganze Zeit über aufmerksam.

Die Hauptperson muss ein Held sein. Als solche muss sie das Unglück überwinden und sich zum Glück durchschlagen. Hier kann man als Unternehmen in vielerlei Hinsicht einen Ansatz finden. Erstens kann es die eigene Gründung sein. Der Gründer brauchte das Produkt, um sein eigenen Unglück zu überwinden und nun offeriert er es der ganzen Welt. Oder es kann ein Kunde sein, der mit dem Produkt ein Unglück überwindet. Es kann eine unglückliche Situation sein, die das Produkt beendet.

Wie man sich auch entscheidet, das Glück muss kommen und das Produkt muss zumindest dazu beitragen. Dann schafft man die Emotionen dank dem Helden und diese übertragen sich auf das Produkt, weil es etwas dazu beitrug.

In der Praxis hat eine Story nur wenig Zeit, um die Aufmerksamkeit des Publikums zu binden. Daher sollte man den Anfang sehr klar und überzeugend gestalten. Es sollte auch nur als Einleitung sehr kurz sein. Mehr Erklärungen können dann noch immer folgen. Schließlich braucht der Held auch noch einen Schurken. Dieser setzt das Unglück und muss auf dem Weg zum Glück besiegt werden.

Für diejenigen, die eine Geschichte auch optisch aufpeppen wollen, bietet das Internet eine Reihe von Tools. Diese sind aber, zumindest jetzt noch, nicht ganz ausgereift. Sie bieten viel Nützliches, doch sie machen den Einstieg schwer, denn es mangelt an ordentlichen Anleitungen zu ihrer Bedienung. Außerdem haben sie noch Schwierigkeiten mit diversen sozialen Netzwerken und sie sind nicht ganz so benutzerfreundlich, wie sie sein könnten. All das wird sich aber wahrscheinlich bald ändern. Was diese Schwächen aber erträglich macht, das ist der Umstand, dass diese Tools noch immer kostenlos sind.

Will man seine erste Geschichte schreiben, dann muss man erstmal ein wenig trainieren. Da gerade Anfänger Zusammenfassungen anstatt Geschichten schreiben, sollte man sich wirklich zwingen, so viel wie möglich und so lang wie möglich alles zu beschreiben. Man kann dann immer noch kürzen, was zu viel des Guten war.

Eine Geschichte zu schreiben, bringt viele Möglichkeiten, Fehler zu machen. Das soll aber nicht heißen, dass man nun die Finger davon lassen soll. Es geht einfach darum, ein gewisses Maß an Vorsicht walten zu lassen. Die Geschichten sollten so gestaltet werden, dass sie den Leser oder Zuschauer auch wirklich ansprechen. Sie sollten auch gern mal mündlich vorgetragen werden. Mit Likes, Shares, Links und E-Mail-Marketing kann man seine Story unter die Leute bringen, denn nur so können sie eine Wirkung entfalten.

Wenn man sich das alles betrachtet, entwickelt sich ein ganz einfaches Bild. Der Kunde braucht Geschichten und das Unternehmen braucht den Kunden. Daher gebe man dem Kunden einfach die Geschichten. Gute Geschichten zeichnen sich mehr durch ihre Emotionen denn durch Fakten aus. Daher sollten Beschreibungen auch mehr an Gefühle denn an das Analytische appellieren. Gute Geschichten haben ein Unglück und dessen Überwindung. Es handelt sich immer wieder um genau diesen Punkt. Man kann also beliebig die Ausgangssituation austauschen, sie mit immer neuen Unglücken konfrontieren und dann immer neue Wege zum Glück finden. Damit wird man jedes Mal erfolgreich sein.

Diese, an sich schon, gute Geschichte braucht entsprechende Akteure. Diese müssen glaubwürdig sein, weil sie wie normale Menschen agieren. Sie müssen Helden sein, denn das Unglück muss überwunden werden. Sie müssen so gestaltet sein, dass sich das Publikum mit ihnen identifizieren kann. Schlussendlich muss man eine solche Geschichte noch optisch aufpeppen und ordentlich beschreiben. Dann erreicht man den Kunden.

Die Geschichten kann man dabei ständig ändern, ihren Kern beibehalten. Damit erhält man die Kerngeschichte, die sich so leicht für das Branding und das Kulting verwenden lässt. Dazu lässt man die ganze Community zusammenwachsen und an den Geschichten teilhaben. Damit entwickelt sich die richtige Marke. Diese verdankt ihren Erfolg der richtigen Story mit den richtigen Hauptfiguren.

Es kann so einfach sein. Wer jetzt noch zweifelt, versuche es einfach daheim. Man schaut sich einen Film an und sucht nach der Ausgangssituation, dem Unglück und dessen Überwindung. Danach schafft man seinen eigenen Anfang, wechselt das Unglück und die Überwindung aus und verändert die Figuren. Am besten passt man sie den Menschen an, die man in seinem eigenen Umfeld täglich trifft. Man hübscht alles noch mit ein paar ordentlichen Beschreibungen auf, um ein richtiges Bild zu vermitteln, und dann ist fast alles bereit. Hier und da noch ein wenig gefeilt, schon ist die eigene Geschichte fertig. Diese kann man nun an seiner Familie oder seinen Freunden testen. Man wird überrascht sein.